El jardín del centro: Una guía para la política sensata

Christian Oltra

Christian Oltra
Diciembre de 2024

Índice

Índice de ideas

Prefacio

En el umbral de los dieciocho años, cuando una joven accede formalmente a su ciudadanía plena, surge una pregunta fundamental: ¿qué ideas y principios servirán como brújula en su navegación por las complejidades de la vida social y política? Esta es la pregunta que inspiró este libro, nacido de conversaciones imaginadas pero ancladas en dilemas muy reales.

Marta M., nuestra protagonista, representa a toda una generación que hereda un mundo de extraordinaria complejidad. Un mundo donde las viejas etiquetas ideológicas parecen simultáneamente insuficientes y excesivamente rígidas. Los jóvenes de hoy probablemente conocen la socialdemocracia y el liberalismo, quizás incluso han estudiado los extremos del comunismo y el fascismo. Pero ¿conocen esa tradición más sutil, más matizada, que podríamos llamar centrismo?

No hablamos aquí de una posición tibia o de un mero punto medio entre extremos. El centrismo que exploramos en estas páginas es una filosofía política sofisticada, fundamentada en evidencia empírica y en el aprendizaje histórico. Es la tradición que explica el éxito de sociedades tan diversas como Dinamarca, Suiza, Austria o Estonia. Países que, más allá de sus diferencias en el equilibrio específico entre estado y mercado, comparten un compromiso fundamental con la buena gobernanza, con instituciones sólidas, con el pragmatismo basado en evidencia.

La historia nos ha mostrado, con dolorosa claridad, los peligros de las ideas extremas cuando se implementan sin restricciones. Desde el colapso económico de Venezuela hasta la opresión en Corea del Norte, desde las crisis financieras mal gestionadas hasta los experimentos fallidos del laissez-faire radical, hemos visto cómo las ideologías rígidas pueden producir sufrimiento humano a gran escala.

El centrismo no es una negación de la importancia del conflicto social o de la lucha por la justicia. No es una llamada a la pasividad o a la resignación. Al contrario, es un reconocimiento de que el progreso social requiere tanto pasión como prudencia, tanto visión como pragmatismo. Es entender que un mercado eficiente y un estado competente, junto con una sociedad civil vibrante, no son enemigos de la vitalidad social o la riqueza cultural, sino sus cimientos necesarios.

La eficiencia administrativa y la buena gestión pueden parecer temas áridos, pero su impacto en el bienestar cotidiano es profundo. Cuando los servicios públicos funcionan, cuando las instituciones son confiables, cuando las reglas son claras y justas, se libera energía social para lo que verdaderamente importa: la construcción de relaciones significativas, la participación en actividades voluntarias, la expresión cultural, la innovación y el florecimiento humano.

Defender estas ideas razonables puede no ser "cool". No tienen el atractivo romántico de las grandes narrativas revolucionarias ni la simplicidad seductora de las soluciones extremas. Pero en un mundo cada vez más complejo e interconectado, necesitamos más que nunca esta tradición de pensamiento que combina idealismo con pragmatismo, que busca el progreso sin olvidar la prudencia.

Este libro, estructurado como un diálogo entre un profesor y su alumna, es una invitación a explorar esta tradición. A través de sus páginas, examinaremos los principios fundamentales del centrismo, desde el pragmatismo basado en evidencia hasta la sostenibilidad ambiental, desde el equilibrio institucional hasta la resiliencia democrática.

En última instancia, este es un libro sobre esperanza. No la esperanza fácil de las utopías, sino la esperanza más madura de quienes entienden que el progreso real es gradual, que requiere tanto visión como paciencia, tanto pasión como razón. Es un libro para quienes creen que, entre los gritos de los extremos, existe un camino del centro: no menos ambicioso en sus objetivos, pero más sabio en sus métodos.

Bienvenidos a este viaje por el pensamiento centrista. Que estas páginas sirvan como guía para quienes buscan una política más sabia, más eficaz y más humana.

Christian Oltra, otoño de 2024

Los cinco pilares

Las hojas doradas del otoño caían suavemente sobre el campus universitario, una antigua institución fundada en el siglo XV que había sobrevivido guerras, revoluciones y transformaciones sociales. Marta cruzó el patio gótico, observando a sus compañeros: algunos debatían animadamente sobre política global, otros revisaban datos económicos en sus tablets, mientras un grupo discutía sobre el último informe del cambio climático.

La complejidad del mundo moderno le abrumaba. En su móvil, las noticias hablaban simultáneamente de crisis energéticas, tensiones geopolíticas, avances tecnológicos y desafíos sociales. ¿Cómo podía alguien entender, y mucho menos contribuir a resolver, tantos problemas entrelazados?

Con estas dudas llegó al despacho del profesor Merton, un académico respetado conocido tanto por su vasta experiencia como por su capacidad para hacer comprensibles las ideas más complejas. El despacho, con sus altas estanterías de madera repletas de libros y sus ventanales que dejaban entrar la luz otoñal, parecía un refugio de sabiduría en medio del caos moderno.

"Adelante", dijo el profesor, ajustándose las gafas mientras organizaba algunos papeles sobre su escritorio de caoba. "Tú debes ser Marta."

"Sí, profesor", respondió ella, acomodándose en la silla frente al escritorio. Sus ojos recorrieron las estanterías repletas de libros que llegaban hasta el techo abovedado. "Quería hablar sobre el tema que mencionó en clase... sobre por qué parece tan difícil conseguir todo lo que queremos en política."

El profesor sonrió, inclinándose ligeramente hacia adelante. "¿Sabes, Marta? Es una pregunta fascinante. Después de años estudiando sistemas políticos y sociedades, he llegado a pensar que toda sociedad aspira a cinco grandes objetivos. ¿Qué dirías que necesitamos para tener una buena sociedad?"

Marta reflexionó un momento, mientras el sonido distante de las campanas del campanario resonaba por el claustro. "Bueno… supongo que necesitamos democracia, para empezar. Y prosperidad económica, claro."

"Interesante punto de partida", asintió el profesor. "De hecho, democracia y prosperidad son dos de los cinco pilares fundamentales. Los otros tres son igualdad, seguridad y solidaridad. Pero aquí viene lo fascinante…" Se levantó y caminó hacia la ventana gótica, desde donde se veían los árboles rojizos del campus. "El verdadero desafío no está en identificarlos, sino en conseguirlos todos a la vez."

"¿Por qué es tan difícil?", preguntó Marta, inclinándose hacia adelante con interés.

"Imagina que estás intentando mantener cinco platos girando sobre varillas al mismo tiempo", respondió el profesor, volviéndose hacia ella. "Cuando te concentras en uno, los otros tienden a tambalearse".

El profesor se levantó y comenzó a dibujar un pentágono en la pizarra. "Primero, la democracia", explicó, marcando el primer vértice. "No solo como sistema de votación, sino como medio para que los ciudadanos participen en las decisiones que afectan sus vidas. Es la aspiración a tener voz, a ser escuchados."

"Pero algunas sociedades rechazan la democracia", objetó Marta.

"Los líderes autoritarios pueden rechazarla", corrigió el profesor, "pero los pueblos siempre aspiran a tener voz en su destino. Es una necesidad humana fundamental."

Marcó el segundo vértice. "El segundo pilar es la igualdad. No necesariamente una igualdad absoluta, pero sí un sentido básico de justicia y equidad. Las personas necesitan sentir que tienen oportunidades justas, que no están condenadas por su nacimiento."

Mientras dibujaba el tercer vértice, continuó: "El tercer pilar es la prosperidad. Cada sociedad busca mejorar el bienestar material de sus miembros. Pero no solo riqueza económica; hablamos de educación, salud, cultura, todo lo que permite el florecimiento humano."

"¿Y la seguridad?", preguntó Marta, notando el cuarto vértice.

"Exactamente. El cuarto pilar es la seguridad, en su sentido más amplio. Seguridad física frente al crimen y la violencia, sí, pero también seguridad económica, ambiental, alimentaria. La capacidad de planear un futuro sin miedo constante."

Finalmente, marcó el último vértice. "Y el quinto pilar es la solidaridad. La cohesión social, el sentido de pertenencia y apoyo mutuo. Una sociedad puede ser rica y segura, pero sin solidaridad se vuelve fría, atomizada, vulnerable."

Marta observó el pentágono completo. "Pero estos objetivos a veces parecen contradecirse..."

"¡Precisamente!", exclamó el profesor. "Ese es el gran desafío de la política: buscar equilibrios entre estos cinco objetivos. Más democracia puede temporalmente reducir la eficiencia económica. Más igualdad puede tensionar con ciertos tipos de prosperidad. Más seguridad puede limitar algunas libertades democráticas."

Se sentó en el borde de su escritorio. "Lo fascinante es que diferentes sociedades encuentran diferentes equilibrios. Dinamarca enfatiza la igualdad y la solidaridad. Singapur prioriza la prosperidad y la seguridad. Estados Unidos históricamente ha puesto énfasis en la libertad democrática y la prosperidad individual."

"¿Y cuál es el equilibrio correcto?", preguntó Marta.

"No hay una respuesta única", sonrió el profesor. "Cada sociedad debe encontrar su propio balance, considerando su historia, cultura y circunstancias.

Pero", añadió con énfasis, "ninguna sociedad puede ignorar completamente ninguno de estos pilares sin consecuencias graves."

Marta asintió lentamente, mientras una hoja otoñal se posaba en el alféizar de la ventana. "Parece un rompecabezas de difícil solución", suspiró Marta.

"Ah, pero ahí está lo interesante", sonrió el profesor. "La política, a pesar de todas sus imperfecciones, es precisamente el arte de buscar ese equilibrio. No es casualidad que estemos teniendo esta conversación aquí, en este edificio que ha visto pasar generaciones de estudiantes buscando respuestas similares. La política no es el problema, es la única solución que tenemos. Es el mecanismo que hemos desarrollado para intentar alcanzar estos cinco objetivos simultáneamente, aunque sea de manera imperfecta."

El jardín interior

Marta llegó al despacho del profesor Merton con un libro entre las manos. La lluvia otoñal golpeaba suavemente los cristales, creando un ambiente propicio para la reflexión.

"Profesor, he estado pensando en nuestra última conversación sobre los cinco objetivos de toda sociedad. Pero encontré este libro sobre psicología que habla de necesidades humanas universales y me preguntaba..."

El profesor sonrió, interrumpiéndola suavemente. "Ah, la teoría de la autodeterminación. ¿Sabes, Marta? Así como las sociedades tienen objetivos universales, los seres humanos tenemos necesidades psicológicas fundamentales. Y entender estas necesidades es crucial para comprender cómo construir una buena sociedad."

"¿Entonces no son dos temas separados?", preguntó Marta, sentándose en su lugar habitual junto a la ventana.

"En absoluto", respondió el profesor, levantándose para servir dos tazas de té. "Piensa en ello así: si una sociedad alcanzara perfectamente sus cinco objetivos -democracia, igualdad, prosperidad, seguridad y solidaridad- pero ignorara las necesidades psicológicas fundamentales de sus ciudadanos, ¿sería realmente una buena sociedad?"

Marta reflexionó mientras aceptaba la taza humeante. "Supongo que no. ¿Cuáles son estas necesidades básicas?"

"Son tres", explicó el profesor, dibujando un triángulo en su pizarra. "Competencia, autonomía y conexión. La competencia es nuestra necesidad de sentirnos capaces y efectivos en lo que hacemos. La autonomía es nuestro deseo de ser agentes de nuestra propia vida, de tomar decisiones significativas. Y la conexión es nuestra necesidad fundamental de vínculos significativos con otros."

"Es fascinante", murmuró Marta. "Pero, ¿cómo se relaciona esto con los objetivos sociales que discutimos?"

"Imagina una orquesta", sugirió el profesor. "Los cinco objetivos sociales son como la partitura que queremos interpretar. Pero las necesidades psicológicas son como los instrumentos individuales y los músicos que los tocan. No puedes tener una buena interpretación si ignoras las necesidades y capacidades de los músicos."

"¿Puede darme un ejemplo más concreto?"

"Por supuesto. Pensemos en la democracia", respondió el profesor. "No basta con tener instituciones democráticas formales. Las personas necesitan sentir competencia -que sus voces importan y que entienden el proceso político. Necesitan autonomía -que sus decisiones son realmente libres y significativas. Y necesitan conexión -sentirse parte de una comunidad política que les importa."

Marta tomó notas rápidamente. "¿Y con los otros objetivos?"

"La prosperidad es un excelente ejemplo", continuó el profesor. "Tradicionalmente la medimos en términos de PIB o ingresos. Pero una verdadera prosperidad debe permitir que las personas desarrollen sus competencias, ejerzan su autonomía en decisiones económicas significativas, y construyan conexiones a través de su trabajo y actividades económicas."

"Empiezo a ver el patrón", dijo Marta entusiasmada. "La seguridad también debe equilibrarse con la autonomía, ¿verdad?"

"¡Exactamente! Y aquí está una de las tensiones más fascinantes", sonrió el profesor. "Demasiada seguridad puede sofocar la autonomía, pero sin suficiente seguridad, la autonomía se vuelve ilusoria. Es como aprender a montar en bicicleta: necesitas protección, pero también necesitas la libertad de intentar y ocasionalmente caerte."

La lluvia había amainado, y un rayo de sol atravesaba las nubes, iluminando el despacho. "Pero hay más", continuó el profesor. "La solidaridad, nuestro quinto objetivo social, está profundamente conectada con nuestra necesidad psicológica de conexión. Sin embargo, debe ser una conexión auténtica, no forzada. Las personas necesitan sentir que eligen libremente sus vínculos y que son competentes en sus relaciones sociales."

"Es como si cada objetivo social tuviera que considerar las tres necesidades psicológicas", reflexionó Marta.

"Precisamente", asintió el profesor. "Y esto nos lleva a una conclusión importante: una buena sociedad no es solo aquella que alcanza ciertos objetivos colectivos, sino una que permite a sus miembros satisfacer sus necesidades psicológicas fundamentales. La democracia debe ser participativa, la prosperidad debe ser significativa, la seguridad debe ser habilitante, y la solidaridad debe ser auténtica."

"¿Es por eso que a veces las sociedades que parecen exitosas en papel tienen ciudadanos insatisfechos?", preguntó Marta.

"Has dado en el clavo", respondió el profesor. "Puedes tener una sociedad próspera en términos económicos, pero si las personas no sienten competencia, autonomía y conexión en sus vidas diarias, algo fundamental está fallando. Es como tener una orquesta con excelentes instrumentos pero músicos desmotivados y desconectados."

La campana del mediodía resonó en el claustro. "Para la próxima semana", sugirió el profesor, "piensa en cómo estas necesidades psicológicas se manifiestan en tu propia vida y en la de quienes te rodean. Observa cómo las instituciones y políticas pueden facilitar o frustrar su satisfacción."

Marta recogió sus cosas, visiblemente entusiasmada. "Es como si hubiéramos añadido una nueva dimensión a nuestra comprensión de la sociedad."

"Exactamente", sonrió el profesor. "Porque una sociedad verdaderamente buena debe funcionar tanto a nivel colectivo como psicológico individual. No podemos separar lo social de lo personal."

Las dos brújulas

En la luz menguante de la tarde, el profesor Merton notó que Marta aún parecía reflexionar sobre la discusión anterior acerca de los cinco objetivos fundamentales de toda sociedad. Las sombras se habían alargado en el claustro, y el aire otoñal se colaba por la ventana entreabierta.

"Profesor", dijo Marta tras un momento, "entiendo que toda sociedad aspire a estos cinco objetivos, pero ¿cómo resolvemos los conflictos que surgen al intentar alcanzarlos? A veces parece imposible que la gente llegue a acuerdos..."

El profesor se reclinó en su silla de cuero, considerando cuidadosamente la pregunta. "Es una observación muy perspicaz, Marta. De hecho, la ciencia nos ha ayudado a entender que los conflictos morales y políticos se dividen en dos categorías fundamentalmente diferentes. Los llamamos 'Yo versus Nosotros' y 'Nosotros versus Ellos'."

"¿Qué significa eso exactamente?", preguntó Marta, inclinándose hacia adelante con interés.

"Piensa en ello así", explicó el profesor. "Los dilemas de 'Yo versus Nosotros' son los problemas básicos de cooperación dentro de una comunidad. Por ejemplo, ¿debo pagar mis impuestos o evadir? ¿debo cumplir las normas o hacer trampa? ¿debo robarle la bicicleta a mi vecino? Para estos dilemas, curiosamente, la evolución nos ha equipado con intuiciones morales bastante claras."

"Es verdad", asintió Marta. "Casi todos sentimos que hacer trampa está mal, que debemos cumplir nuestra parte."

"Exactamente", sonrió el profesor. "Y estas intuiciones funcionan bien porque son problemas que han existido durante toda nuestra evolución como especie social cooperativa. Pero luego están los dilemas de 'Nosotros versus Ellos', que son mucho más complejos. Estos surgen cuando diferentes grupos, o como los llamamos, 'tribus morales', tienen visiones fundamentalmente distintas sobre qué es lo correcto."

Marta frunció el ceño, pensativa. "¿Como cuando dos grupos no pueden ponerse de acuerdo sobre política energética, el aborto o reformas económicas?"

"¡Exacto!", exclamó el profesor, complacido por la rápida comprensión de su alumna. "Y aquí es donde nuestras intuiciones morales pueden ser parte del problema. Porque cada 'tribu' tiene la fuerte certeza de que su posición es la correcta. Es como si cada grupo tuviera su propia brújula moral apuntando en diferentes direcciones."

"¿Y cómo resolvemos esos conflictos entre tribus?", preguntó Marta.

El profesor se levantó y caminó hacia la ventana, donde las últimas hojas del otoño se agitaban en las ramas. "Aquí es donde necesitamos trascender nuestras intuiciones y usar lo que llamamos nuestro 'sistema manual' de pensamiento: investigación empírica, discusión racional, análisis de consecuencias. Las intuiciones que tan bien funcionan para los problemas de 'Yo versus Nosotros' pueden ser un obstáculo en los conflictos entre tribus."

"¿Como un científico estudiando un fenómeno?", sugirió Marta.

"Exactamente. Aunque", añadió el profesor con una sonrisa reflexiva, "incluso este enfoque tiene sus complejidades. La evidencia no siempre es concluyente, los efectos pueden ser múltiples y contradictorios, y los valores fundamentales pueden diferir. Es como intentar resolver un rompecabezas donde las piezas cambian según quién las mire."

Marta permaneció en silencio un momento, procesando la información. "Entonces, ¿para los problemas de cooperación básica nos fiamos de nuestras intuiciones morales, pero para los conflictos entre diferentes visiones del mundo necesitamos un enfoque más científico y racional?"

"Precisamente", asintió el profesor. "Y esto es crucial para entender por qué necesitamos el centrismo político: porque nos ofrece herramientas para manejar especialmente esos conflictos entre tribus, que son los más desafiantes en las sociedades modernas pluralistas."

La última luz del día se desvanecía en el horizonte, dejando el despacho en una penumbra contemplativa. "La clave", concluyó el profesor, "es reconocer que para los problemas de 'Yo versus Nosotros', nuestras intuiciones morales suelen ser una buena guía. Pero para los conflictos entre tribus, necesitamos desarrollar herramientas más sofisticadas: evidencia, razón y marcos compartidos de evaluación. Ninguna tribu tiene el monopolio de la verdad."

Las alas del péndulo

El profesor Merton observó cómo Marta jugueteaba pensativamente con un lápiz mientras procesaba su explicación anterior sobre los cinco objetivos sociales. El silencio del despacho solo era interrumpido por el ocasional murmullo de estudiantes que atravesaban el claustro.

"Profesor", dijo finalmente Marta, "hay algo que me intriga aún más. ¿Por qué en todas las sociedades parece haber gente de izquierdas y de derechas? Es como si fuera... universal."

El profesor sonrió, complacido por la agudeza de la observación. "Es una pregunta fascinante, Marta. Y curiosamente, la respuesta tiene raíces muy profundas en nuestra propia naturaleza biológica y evolutiva."

Se levantó y comenzó a caminar lentamente frente a la estantería. "Verás, así como los seres humanos diferimos en altura, peso o personalidad, también diferimos en nuestra orientación política. Y esto no es casual ni puramente cultural. De hecho, los estudios sugieren que más del 50% de nuestra orientación política está influenciada por factores genéticos."

Marta frunció el ceño. "¿Quiere decir que nacemos siendo de izquierdas o de derechas?"

"No exactamente", respondió el profesor, deteniendo su paseo. "Es más sutil que eso. Lo que heredamos son predisposiciones hacia ciertas formas de ver el mundo. Estas predisposiciones se agrupan en tres grandes dimensiones."

Se acercó a su pizarra y dibujó tres líneas. "Primera dimensión: nuestra actitud hacia la tradición y el cambio. Segunda: nuestra visión sobre la igualdad y la jerarquía. Y tercera: nuestra percepción de la naturaleza humana como fundamentalmente cooperativa o competitiva."

"¿Y por qué existen estas diferencias?", preguntó Marta.

"Porque toda sociedad humana necesita encontrar equilibrios en estas tres dimensiones", explicó el profesor. "Piensa en ello: una sociedad que solo se aferrara a la tradición se estancaría, pero una que solo buscara el cambio perdería su estabilidad. Una sociedad totalmente igualitaria podría perder los incentivos para el esfuerzo individual, pero una extremadamente jerárquica generaría injusticia y resentimiento. Y necesitamos tanto la cooperación como cierto grado de competencia saludable."

Marta asintió lentamente. "Entonces... ¿está diciendo que necesitamos tanto a conservadores como a progresistas?"

"Exactamente", sonrió el profesor. "Es como un sistema de pesos y contrapesos natural. Los progresistas nos empujan hacia el cambio necesario, los conservadores nos recuerdan el valor de preservar lo que funciona. Los más igualitarios nos alertan sobre las injusticias, los más jerárquicos sobre la necesidad de reconocer el mérito y el esfuerzo. Y así sucesivamente."

Una última luz dorada del atardecer iluminó el despacho mientras Marta procesaba esta información. "Es fascinante pensar que esta división política que a veces nos parece tan problemática en realidad cumple una función..."

"Así es", concluyó el profesor. "Todos, independientemente de nuestra orientación política, buscamos lo mismo: la supervivencia y el florecimiento de nuestra comunidad. Solo diferimos en cómo creemos que se logra mejor ese objetivo. Y esa diversidad de perspectivas, aunque a veces genere tensiones, es parte fundamental de nuestra naturaleza como especie social."

Las seis dimensiones

La mañana siguiente, Marta llegó al despacho del profesor Merton con una expresión pensativa. La conversación del día anterior parecía haberla dejado con más preguntas.

"Profesor", comenzó, mientras se sentaba en su lugar habitual, "he estado pensando en lo que discutimos ayer sobre las 'tribus morales' y las diferencias entre izquierda y derecha. Pero, ¿por qué parece que progresistas y conservadores ven el mundo de manera tan diferente? A veces siento que ni siquiera hablamos el mismo idioma moral."

El profesor sonrió, levantándose para dibujar un hexágono en la pizarra. "¿Has oído hablar de la Teoría de los Fundamentos Morales, Marta? Es una investigación fascinante que sugiere que todos los seres humanos compartimos seis dimensiones morales básicas, como las seis caras de un dado."

Comenzó a etiquetar cada vértice del hexágono: "Cuidado/ Daño, Justicia/ Engaño, Lealtad/ Traición, Autoridad/ Subversión, Pureza/ Degradación, y Libertad/ Opresión."

"¿Y qué tiene esto que ver con las diferencias políticas?", preguntó Marta, intrigada.

"Aquí está lo fascinante", respondió el profesor, tomando diferentes colores de tiza. "No es que unos tengan valores morales y otros no. Todos tenemos estas dimensiones morales, pero las priorizamos de manera diferente. Por ejemplo, los progresistas tienden a dar más peso al cuidado y la justicia, mientras que los conservadores tienden a valorar más uniformemente todas las dimensiones, incluyendo la lealtad, la autoridad y la pureza."

"¿Como si todos tuviéramos los mismos ingredientes, pero en diferentes proporciones?", sugirió Marta.

"¡Exactamente! Y algo similar ocurre con el eje autoritario-libertario. Los libertarios dan un peso enorme a la dimensión de libertad/opresión, mientras que los más autoritarios priorizan la autoridad y la pureza."

El profesor se sentó en el borde de su escritorio. "Pero aquí viene algo aún más interesante. Los estudios muestran que tendemos a ver a las personas de otras ideologías como más extremas de lo que realmente son. Se llama 'falsa polarización'."

"¿Qué quiere decir?"

"Imagina esto: un progresista puede pensar que todos los conservadores son extremadamente autoritarios y tradicionales, mientras que un conservador puede creer que todos los progresistas quieren destruir completamente el orden social. Pero cuando se estudian las opiniones reales de la gente, resulta que la mayoría tiene posiciones mucho más moderadas y matizadas."

Marta reflexionó un momento. "Es como si nos contáramos historias exageradas sobre 'los otros'..."

"Precisamente", asintió el profesor. "Y esto tiene consecuencias importantes. Cuando asumimos que el 'otro lado' es extremista, nos volvemos menos dispuestos al diálogo y más propensos a la polarización."

Se levantó y dibujó un nuevo diagrama. "Mira estos estudios: cuando se pide a las personas que adivinen las posiciones de sus oponentes políticos sobre diversos temas, consistentemente las imaginan más extremas de lo que son en realidad. Pero cuando estas mismas personas se sientan a dialogar cara a cara, a menudo descubren que tienen más en común de lo que pensaban."

"Pero entonces, ¿por qué nos polarizamos tanto?", preguntó Marta.

"En parte por cómo funcionan las redes sociales y los medios de comunicación, que tienden a amplificar las voces más extremas. En parte por nuestra tendencia natural a formar 'tribus'. Y en parte porque es más fácil ver el mundo en blanco y negro que en sus infinitos matices de gris."

El profesor volvió al hexágono en la pizarra. "Pero entender estas seis dimensiones morales nos ayuda a ver que nuestras diferencias no son tan profundas como parecen. No es que unos sean morales y otros inmorales; simplemente priorizamos diferentes aspectos de la moralidad."

"¿Y esto puede ayudarnos a superar la polarización?"

"Puede ayudarnos a entender que la persona con la que discrepamos seguramente no es un monstruo moral, sino alguien que, como nosotros, intenta construir una sociedad mejor, aunque enfatice diferentes valores", explicó el profesor. "Cuando entendemos esto, el diálogo se vuelve posible."

La luz de la mañana iluminaba el hexágono en la pizarra, creando un espectro de sombras. "Recuerda, Marta", concluyó el profesor, "la diversidad moral, como la biodiversidad, puede ser una fuente de fortaleza social. No necesitamos pensar todos igual; necesitamos aprender a dialogar y encontrar un terreno común."

"Como una orquesta", sugirió Marta, "donde diferentes instrumentos tocan diferentes partes, pero juntos crean algo hermoso."

"Exactamente", sonrió el profesor. "Y el primer paso para hacer música juntos es reconocer que todos estamos intentando tocar la misma sinfonía, aunque desde diferentes partituras."

La senda del centro

La luz de media mañana iluminaba el claustro cuando Marta llegó al despacho del profesor Merton. Esta vez, las hojas secas habían sido barridas del patio, aunque algunas aún danzaban ocasionalmente con la brisa otoñal.

"Adelante, Marta", sonrió el profesor al verla. "Me alegro de que hayas vuelto. He estado pensando mucho en nuestras conversaciones anteriores sobre la política y la moral."

Marta tomó asiento, sacando su cuaderno. "Yo también, profesor. De hecho, después de nuestra última charla sobre las 'tribus morales', me preguntaba si existe alguna alternativa a esta división constante entre izquierda y derecha."

El profesor se quitó las gafas y las limpió pensativamente. "Es una pregunta excelente. Y nos lleva a un tema fascinante: el centrismo político. Pero no el centrismo como simple punto medio o indecisión, sino como una tradición intelectual profunda y sofisticada."

"¿Una tradición?", preguntó Marta con curiosidad.

"Sí. Verás, el centrismo moderno surge de una comprensión fundamental: que las sociedades complejas requieren equilibrios delicados. Imagina una orquesta", dijo el profesor, señalando hacia la ventana donde se podía ver el conservatorio al otro lado del campus. "Necesitas diferentes instrumentos, cada uno con su papel, todos en armonía."

"¿Y cómo se relaciona esto con la política?", inquirió Marta.

"El centrismo reconoce que tanto la tradición liberal como la socialdemócrata han aportado ideas valiosas. Del liberalismo, toma la importancia de la libertad individual, los mercados como mecanismos eficientes de asignación de recursos, y el Estado de derecho. De la socialdemocracia, incorpora la necesidad de protección social, la importancia de la igualdad de oportunidades, y el papel del Estado en corregir fallos del mercado."

Marta tomaba notas rápidamente. "Pero profesor, ¿no es eso simplemente tomar un poco de cada lado?"

"Ah, esa es una confusión común", sonrió el profesor. "El centrismo no es un mero compromiso, sino una filosofía política distinta basada en algunos principios fundamentales. Primero, el pragmatismo: las políticas deben evaluarse por sus resultados prácticos, no por su adherencia a una ideología. Segundo, la evidencia empírica: las decisiones deben basarse en datos y análisis riguroso, no en dogmas. Y tercero, el reconocimiento de la complejidad: los problemas sociales rara vez tienen soluciones simples."

"Entonces, ¿el centrismo es más... científico?", aventuró Marta.

"En cierto modo", asintió el profesor. "Pero también reconoce los límites del conocimiento. Por eso favorece el gradualismo y la experimentación. Es como un médico prudente: prueba tratamientos, observa resultados, ajusta según sea necesario. No pretende tener todas las respuestas, pero busca constantemente mejorar basándose en la evidencia."

Una campana sonó en la distancia, y Marta miró por la ventana pensativa. "¿Y cómo maneja el centrismo los conflictos entre diferentes grupos?"

"Esa es quizás su mayor fortaleza", respondió el profesor. "El centrismo moderno entiende que en sociedades plurales necesitamos instituciones y procedimientos que permitan la coexistencia de diferentes visiones. No busca la uniformidad, sino la creación de marcos donde diferentes perspectivas puedan convivir y enriquecerse mutuamente."

"¿Como una democracia deliberativa?", preguntó Marta.

"¡Exactamente! El centrismo cree en el poder del diálogo informado, en la importancia de instituciones que medien conflictos, en la necesidad de buscar consensos amplios para las decisiones importantes. Es, en esencia, una filosofía de la moderación reflexiva, no de la tibieza o la indecisión."

El profesor se levantó y caminó hacia su biblioteca. "Sabes, Marta, en tiempos de polarización como los actuales, el centrismo puede parecer poco atractivo. No ofrece la satisfacción emocional de las ideologías más dogmáticas. Pero quizás por eso mismo es más necesario que nunca."

"¿Por qué?", preguntó Marta.

"Porque nos recuerda que la política no es una batalla entre el bien y el mal, sino el arte difícil de gestionar sociedades complejas. Nos invita a pensar más y gritar menos, a buscar soluciones en lugar de culpables, a construir puentes en lugar de trincheras."

La luz del mediodía ahora bañaba completamente el despacho, y Marta cerró su cuaderno, visiblemente pensativa. "Es una visión diferente de la política... más madura quizás."

"Y más necesaria que nunca", concluyó el profesor. "En un mundo cada vez más complejo e interconectado, necesitamos más que nunca esta tradición de pensamiento que combina prudencia con ambición, realismo con idealismo, respeto por el pasado con apertura al futuro."

Las raíces del árbol

La mañana era excepcionalmente fría cuando Marta entró en el despacho del profesor Merton. En su escritorio, junto a las habituales pilas de libros, había un viejo grabado que mostraba el retrato de Benjamin Franklin.

"¿Por qué tiene hoy una imagen de Franklin, profesor?", preguntó Marta mientras se quitaba el abrigo.

"Ah, me alegro que lo preguntes", sonrió el profesor. "Hoy vamos a hacer un viaje al pasado para entender las raíces históricas del centrismo político. Y Franklin, curiosamente, es una figura fundamental en esta historia."

"¿Benjamin Franklin? ¿El del pararrayos?", preguntó Marta, sorprendida.

"El mismo", asintió el profesor. "Franklin encarna perfectamente el espíritu del centrismo: era extraordinariamente práctico y creativo, pero sobre todo, tenía un don especial para conseguir que facciones enfrentadas trascendieran sus diferencias. ¿Sabes que fue crucial en la redacción de la Constitución americana?"

"Pero el centrismo debe ser más antiguo, ¿no?", inquirió Marta.

"En cierto modo, sí", respondió el profesor, levantándose para servir té. "Las raíces filosóficas del centrismo se pueden rastrear hasta la antigua Grecia, con la idea aristotélica del justo medio. Pero el centrismo moderno, como lo entendemos hoy, comenzó a tomar forma durante la Ilustración."

"¿Con pensadores como John Stuart Mill?", aventuró Marta.

"¡Exactamente!", exclamó el profesor. "Mill es una figura crucial porque combinó la defensa de la libertad individual con la preocupación por el progreso social. Su pensamiento ejemplifica una de las características fundamentales del centrismo: la búsqueda de equilibrio entre valores aparentemente opuestos."

El profesor se acercó a su biblioteca y sacó varios volúmenes. "Pero el centrismo realmente tomó forma como movimiento político consciente en el siglo XX.

Pensadores como Jane Jacobs nos enseñaron la importancia de combinar planificación con espontaneidad en el desarrollo urbano. Peter Drucker nos mostró cómo las organizaciones pueden ser tanto eficientes como humanas. Los Toffler nos ayudaron a entender cómo navegar el cambio tecnológico sin perder nuestra humanidad."

"Parece que el centrismo tiene muchas influencias diferentes", observó Marta.

"Precisamente esa es una de sus fortalezas", sonrió el profesor. "El centrismo no es una doctrina rígida que surgió de un solo pensador. Es más bien como un árbol que ha ido creciendo y ramificándose, nutriéndose de diferentes fuentes y adaptándose a nuevos desafíos."

"¿Y qué hay del Tercera Vía?", preguntó Marta. "He leído algo sobre Tony Blair y Anthony Giddens..."

"Ah, los años 90", asintió el profesor. "La Tercera Vía fue un intento de reconceptualizar la socialdemocracia para la era de la globalización. Giddens argumentaba que necesitábamos transcender la vieja dicotomía entre mercado y estado, buscando nuevas formas de combinar dinamismo económico con justicia social."

"¿Pero eso funcionó?", preguntó Marta escépticamente.

"Es una pregunta compleja", respondió el profesor, mirando por la ventana. "La Tercera Vía tuvo sus éxitos y sus fracasos. Pero nos dejó lecciones importantes sobre la necesidad de adaptar nuestras instituciones y políticas a nuevas realidades, sin perder de vista los valores fundamentales."

"Entonces, ¿el centrismo sigue evolucionando?"

"Constantemente", afirmó el profesor. "Hoy enfrentamos desafíos que Franklin o Mill nunca imaginaron: cambio climático, revolución digital, globalización... Pero los principios básicos que ellos ayudaron a establecer siguen siendo relevantes: pragmatismo, creatividad, búsqueda de consensos, equilibrio entre diferentes valores y necesidades."

El profesor volvió a mirar el retrato de Franklin. "Sabes, hay algo profundamente esperanzador en esta historia. Nos muestra que en diferentes épocas y lugares, personas han buscado y encontrado formas de transcender divisiones, de combinar lo mejor de diferentes tradiciones, de construir puentes en lugar de muros."

"¿Y cuál cree que será el próximo capítulo de esta historia?", preguntó Marta.

"Eso, querida Marta", sonrió el profesor, "dependerá en parte de tu generación. El centrismo no es un destino fijo, sino un viaje continuo de aprendizaje y adaptación. Como decía Amitai Etzioni, otro pensador fundamental del centrismo moderno, necesitamos encontrar nuevas formas de equilibrar autonomía individual con bien común, mercado con comunidad, tradición con cambio."

La campana del mediodía resonó en el claustro. "Para la próxima semana", sugirió el profesor, "¿por qué no investigas sobre algún pensador centrista que te resulte particularmente interesante?"

Marta asintió, recogiendo sus cosas. "Me gusta la idea del centrismo como un árbol vivo, que crece y se adapta pero mantiene sus raíces fuertes."

"Exactamente", concluyó el profesor. "Y como todo árbol, necesita tanto raíces profundas como ramas que se extiendan hacia nuevos horizontes."

La balanza y la lupa

La luz de la mañana iluminaba el despacho del profesor Merton, donde los antiguos estantes de madera crujían ocasionalmente bajo el peso de décadas de libros académicos. Marta llegó puntual a su cita semanal, encontrando al profesor revisando algunos gráficos en su ordenador.

"Buenos días, Marta", sonrió el profesor. "Hoy quiero hablarte sobre lo que considero el principio más fundamental del centrismo: el pragmatismo basado en evidencia."

"¿Se refiere a usar datos y estadísticas?", preguntó Marta, tomando asiento.

"Es más que eso", respondió el profesor, girando su pantalla para mostrarle un gráfico complejo. "Mira esto. Es el Índice Global de Competitividad Sostenible. Lo interesante no son solo los datos en sí, sino cómo intenta capturar la complejidad de lo que significa el éxito de una sociedad."

"Parece complicado", observó Marta, estudiando las diferentes variables del gráfico.

"Precisamente ese es el punto", sonrió el profesor. "Durante mucho tiempo, medimos el éxito de los países simplemente por su PIB. Pero la realidad es mucho más compleja. Este índice, por ejemplo, considera seis dimensiones: capital natural, eficiencia de recursos, cohesión social, capital intelectual, sostenibilidad económica y eficiencia gubernamental."

"¿Y eso qué tiene que ver con el pragmatismo?", preguntó Marta, frunciendo el ceño.

"Todo", respondió el profesor, levantándose para servir dos tazas de té. "El pragmatismo basado en evidencia significa tres cosas fundamentales. Primero, reconocer que la realidad es compleja y necesitamos herramientas sofisticadas para entenderla. Segundo, que debemos basar nuestras decisiones en datos y evidencia, no en ideología. Y tercero, que debemos estar dispuestos a experimentar y aprender."

Marta sopló su té caliente. "¿Experimentar con políticas públicas?"

"Exactamente. Piensa en cómo diferentes países han probado distintas políticas de renta básica, o cómo algunas ciudades experimentan con nuevos sistemas de transporte público. Lo importante no es si la idea viene de la izquierda o la derecha, sino si funciona."

"Pero profesor", intervino Marta, "los datos no siempre son claros, ¿verdad?"

"Ah, excelente observación", sonrió el profesor. "La incertidumbre es parte fundamental de la actitud científica. No buscamos certezas absolutas, sino el mejor conocimiento disponible en cada momento. Es como la medicina: trabajamos con la mejor evidencia que tenemos, reconociendo sus limitaciones."

Se levantó y caminó hacia la ventana, donde el sol de otoño proyectaba patrones a través de las ramas desnudas. "El pragmatismo basado en evidencia requiere tres virtudes: humildad intelectual para reconocer que podemos estar equivocados, rigor analítico para estudiar los problemas en profundidad, y flexibilidad para cambiar de opinión cuando la evidencia lo sugiere."

"Suena muy diferente a los debates políticos que vemos normalmente", reflexionó Marta.

"Precisamente", asintió el profesor. "La política actual tiende al dogmatismo y la simplificación. El centrismo propone algo diferente: una aproximación más científica a los problemas sociales. No se trata de tener todas las respuestas, sino de hacer las preguntas correctas y buscar evidencia sólida."

"¿Y cómo se aplica esto en la práctica?", preguntó Marta.

"Piensa en cualquier debate actual: política energética, educación, salud pública... El enfoque centrista preguntaría: ¿Qué dice la evidencia? ¿Qué han intentado otros países? ¿Qué resultados han obtenido? ¿Qué efectos secundarios debemos considerar?"

Marta asintió lentamente. "Es como aplicar el método científico a la política."

"Exacto", concluyó el profesor. "Pero con una diferencia importante: reconociendo que los sistemas sociales son más complejos que los sistemas físicos. La evidencia en ciencias sociales siempre tiene incertidumbre, matices y contextos. Por eso necesitamos múltiples indicadores, estudios longitudinales, experimentos naturales... Y sobre todo, necesitamos mantener siempre la mente abierta a nueva evidencia."

La campana del mediodía resonó en el claustro, marcando el final de su conversación. "Para la próxima semana", sugirió el profesor, "¿por qué no investigas algún ejemplo concreto de política pública donde la evidencia haya llevado a cambiar el enfoque tradicional?"

Marta recogió sus cosas, visiblemente entusiasmada con la tarea. "Me gusta la idea de que la política pueda ser más... científica."

"Lo es", sonrió el profesor. "O al menos, debería serlo."

Los tres guardianes

La luz de la tarde entraba oblicua por los vitrales del despacho cuando Marta llegó a su siguiente reunión con el profesor Merton. Esta vez, notó que sobre su escritorio había tres pequeñas maquetas: un mercado medieval en miniatura, un edificio institucional clásico, y una plaza pública con pequeñas figuras reunidas.

"Ah, Marta", sonrió el profesor. "Veo que has notado mis nuevos objetos de demostración. ¿Te parecen curiosos?"

"Un poco", admitió Marta. "¿Tienen algún significado especial?"

"De hecho, sí. Hoy vamos a hablar del segundo principio fundamental del centrismo: el equilibrio institucional triple. Cada una de estas maquetas representa una de las tres esferas fundamentales de una sociedad próspera."

Marta se acercó a examinar las miniaturas. "¿El mercado, el estado y...?"

"Y la sociedad civil", completó el profesor. "Piensa en ellas como tres pilares que sostienen un edificio. Si cualquiera de ellos se debilita o se vuelve demasiado dominante, toda la estructura se vuelve inestable."

"¿Puede explicarme cómo funciona cada uno?", preguntó Marta, tomando asiento.

"Por supuesto. Empecemos por el mercado", dijo el profesor, señalando la maqueta del mercado medieval. "Es como un ecosistema donde millones de decisiones individuales coordinan la producción y distribución de bienes y servicios para satisfacer necesidades y aspiraciones. Cuando funciona bien, el mercado es una máquina increíble de innovación y creación de riqueza."

"Pero también puede fallar, ¿no?", interrumpió Marta.

"Exactamente. Por eso necesitamos el segundo pilar", continuó el profesor, señalando el edificio institucional. "El estado tiene roles fundamentales: establecer y hacer cumplir las reglas del juego, proporcionar bienes públicos como educación e infraestructura, corregir fallos del mercado, garantizar la seguridad... Es como un árbitro que además construye y mantiene el campo de juego."

"¿Y la plaza pública?", preguntó Marta, mirando la tercera maqueta.

"Ah, la sociedad civil", sonrió el profesor. "Es quizás el pilar más sutil pero igualmente vital. Son todas las asociaciones voluntarias, movimientos sociales, grupos comunitarios, instituciones culturales... Es donde construimos relaciones, desarrollamos valores compartidos, debatimos ideas. Sin una sociedad civil vibrante, tanto el mercado como el estado pueden volverse opresivos."

Marta reflexionó un momento. "¿Pero cómo interactúan entre sí?"

"Esa es la pregunta clave", respondió el profesor, levantándose para caminar entre las maquetas. "Imagina una ciudad próspera. El mercado genera riqueza e innovación, pero necesita las reglas y la infraestructura que proporciona el estado. El estado recauda impuestos del mercado para financiar servicios públicos, pero necesita la presión y supervisión de una sociedad civil activa para mantenerse eficiente y honesto. Y la sociedad civil florece gracias a los recursos del mercado y las protecciones del estado, mientras proporciona el capital social que ambos necesitan para funcionar."

"Es como un ecosistema", murmuró Marta.

"¡Exactamente! Y como en cualquier ecosistema, el equilibrio es crucial. Si el mercado se vuelve demasiado dominante, podemos terminar con desigualdad excesiva y degradación ambiental. Si el estado se vuelve demasiado poderoso, arriesgamos el autoritarismo y la pérdida de dinamismo económico. Y si la sociedad civil se debilita, perdemos el pegamento social que mantiene todo unido."

"¿Y cómo se mantiene ese equilibrio?", preguntó Marta.

"Ese es el arte de la política", respondió el profesor. "Necesitamos mercados competitivos pero bien regulados, un estado fuerte pero limitado, y una sociedad civil activa pero no fragmentada. Es como ajustar constantemente los controles de un sistema complejo."

El sol poniente proyectaba ahora largas sombras desde las maquetas. "Lo fascinante", continuó el profesor, "es que cada sociedad debe encontrar su propio equilibrio. No hay una fórmula única. Pero el principio general se mantiene: necesitamos los tres pilares, y necesitamos que interactúen de manera constructiva."

"Es más complejo de lo que parece en los debates políticos habituales", observó Marta.

"Precisamente", asintió el profesor. "El centrismo reconoce esta complejidad. No es 'todo mercado' como algunos liberales extremos, ni 'todo estado' como algunos izquierdistas radicales, ni tampoco un simple punto medio. Es la búsqueda constante de un equilibrio dinámico entre estas tres esferas fundamentales."

"¿Y cómo sabemos si lo estamos logrando?", preguntó Marta.

"Buena pregunta para terminar", sonrió el profesor. "Observamos indicadores en cada esfera: dinamismo económico, calidad de servicios públicos, participación ciudadana... Pero quizás el mejor indicador es la capacidad de las tres esferas para colaborar constructivamente en la solución de problemas sociales."

Marta miró una última vez las maquetas antes de recoger sus cosas. "Me hace ver la política de una manera diferente."

"Ese es el objetivo", concluyó el profesor. "Ver la complejidad y buscar el equilibrio, no las soluciones simplistas."

El paso del tiempo

"¡Cuidado con el andamio!"

Marta esquivó ágilmente la estructura metálica que ocupaba parte del claustro. El antiguo edificio de la facultad estaba siendo renovado, y los trabajadores se afanaban en restaurar las gárgolas medievales mientras mantenían la estructura histórica intacta.

"Una metáfora perfecta para nuestra clase de hoy", resonó la voz del profesor Merton desde el umbral de su despacho.

"¿Las obras?", preguntó Marta, sorprendida, mientras sorteaba un último obstáculo para llegar a la puerta.

"El gradualismo reformista", sonrió el profesor. "Observa cómo están renovando el edificio: pieza por pieza, con cuidado, manteniendo lo que funciona mientras mejoran lo que necesita atención. Es exactamente de lo que vamos a hablar hoy."

Ya en el despacho, Marta notó que incluso allí se podía escuchar el suave martilleo de los trabajadores. "Entonces, ¿el centrismo siempre prefiere los cambios graduales?"

"No exactamente", respondió el profesor, cerrando la ventana para aminorar el ruido. "El gradualismo reformista es un principio general, pero no un dogma. Es como la medicina: normalmente prefieres tratamientos graduales que permiten ajustes y minimizar efectos secundarios. Pero a veces, cuando hay una emergencia, necesitas cirugía inmediata."

"¿Puede darme un ejemplo?", pidió Marta.

"Piensa en la transición española a la democracia", explicó el profesor. "Fue gradual y negociada, lo que permitió mantener la estabilidad mientras se transformaba profundamente el sistema político. Pero ahora piensa en Argentina: décadas de gradualismo en sus reformas económicas han llevado a un callejón sin salida donde probablemente necesiten cambios más drásticos."

"¿Entonces cómo sabemos cuándo aplicar cada enfoque?"

El profesor se acercó a la ventana y señaló las obras. "Mira ese andamio. Los trabajadores están siendo meticulosos con las gárgolas porque son delicadas y valiosas. Pero si encontraran que una viga está a punto de colapsar, actuarían inmediatamente. Es una cuestión de diagnóstico y urgencia."

"¿Y en política?"

"El gradualismo reformista se basa en tres principios", explicó el profesor, regresando a su escritorio. "Primero, reconocer que los sistemas sociales son complejos y que los cambios pueden tener consecuencias no intencionadas. Segundo, valorar la estabilidad institucional y la previsibilidad. Y tercero, permitir el aprendizaje y la adaptación durante el proceso de cambio."

"Pero", continuó, "hay situaciones donde este enfoque no es suficiente: crisis económicas severas, amenazas ambientales urgentes, injusticias sociales insostenibles. En estos casos, el centrismo reconoce la necesidad de acción más decisiva."

"Es como si hubiera una tensión entre estabilidad y cambio", reflexionó Marta.

"¡Exactamente! Y esa tensión es saludable. El arte está en encontrar el ritmo adecuado de cambio. Demasiado lento, y los problemas se acumulan hasta volverse inmanejables. Demasiado rápido, y arriesgas desestabilizar el sistema entero."

Un ruido más fuerte desde el exterior interrumpió momentáneamente la conversación. "¿Sabes qué es lo más difícil?", continuó el profesor. "Reconocer cuándo cada enfoque es apropiado. Los gradualistas pueden pecar de excesiva cautela, permitiendo que los problemas se agraven. Los revolucionarios pueden subestimar los riesgos y costos del cambio rápido."

"¿Y cómo decidimos?"

"Con evidencia y juicio prudente", respondió el profesor. "Evaluamos la gravedad del problema, la capacidad institucional para manejar el cambio, los riesgos de la inacción versus los riesgos de la acción rápida. Y sobre todo, mantenemos la flexibilidad para ajustar el ritmo según los resultados."

Marta miró por la ventana, donde los trabajadores continuaban su meticulosa labor. "Como esos restauradores: a veces trabajan piedra a piedra, y otras veces tienen que actuar más rápidamente."

"Precisamente", sonrió el profesor. "El gradualismo reformista no es cobardía ni indecisión. Es reconocer que el cambio social es como trabajar con un material precioso: normalmente requiere paciencia y cuidado, pero a veces exige acción decisiva para prevenir un colapso."

"¿Y el centrismo puede hacer ambas cosas?"

"Debe hacerlas", afirmó el profesor. "El verdadero centrismo no es dogmático ni siquiera con sus propios principios. Es pragmático y adaptativo, capaz de reconocer cuándo el gradualismo es sabio y cuándo se vuelve una excusa para la inacción."

El sonido de la campana se mezcló con el ruido de las obras. "La próxima semana", concluyó el profesor, "el andamio habrá avanzado, piedra a piedra. Pero si encontraran un problema estructural serio, no dudarían en actuar con urgencia. Esa es la esencia del gradualismo reformista: prudente por defecto, pero preparado para la acción decisiva cuando es necesaria."

La balanza fiscal

Marta irrumpió en el despacho del profesor Merton con más ímpetu que de costumbre. Sus mejillas estaban encendidas, y sostenía un periódico arrugado en la mano.

"¡Profesor! ¿Ha visto esto? ¡Un 15% de la población vive en la pobreza! ¿Cómo podemos permitir esto en un país desarrollado? ¡El Estado debería hacer algo!"

El profesor observó calmadamente a su alumna mientras esta se dejaba caer en la silla, todavía agitada por la indignación. En lugar de responder inmediatamente, se dirigió a su pequeña cafetera italiana.

"Marta, ¿te has preguntado alguna vez por qué los países nórdicos, con sus extensivos estados de bienestar, son también algunas de las economías más competitivas del mundo?"

"¿Qué tiene eso que ver con la pobreza?", preguntó Marta, desconcertada.

"Todo", respondió el profesor, mientras servía dos tazas de café. "Verás, tienes razón en estar indignada. La pobreza es debilitante y moralmente inaceptable. Pero la solución no es tan simple como 'el Estado debería hacer algo'."

"¿Por qué no?"

"Piensa en ello como en una balanza", sugirió el profesor, colocando dos libros sobre su escritorio, equilibrándolos cuidadosamente. "En un lado tenemos la necesidad de protección social: educación, sanidad, ayudas a los más vulnerables. En el otro, la necesidad de mantener un sistema económico dinámico que genere los recursos para pagar todo eso."

"Pero podríamos subir los impuestos a los ricos", argumentó Marta.

"Hasta cierto punto, sí", asintió el profesor. "Pero si los impuestos se vuelven excesivos, pueden desincentivar la inversión y la creación de empleo. Y si intentamos financiar el gasto social imprimiendo dinero, generamos inflación, que afecta especialmente a los más pobres."

Marta frunció el ceño. "Entonces, ¿qué propone?"

"El enfoque centrista busca un equilibrio", explicó el profesor. "Por un lado, un estado que proporcione protección social eficiente: formación de calidad, transporte público accesible, seguro de desempleo digno. Pero por otro, un entorno que favorezca la creación de riqueza: estabilidad fiscal, regulación inteligente, apoyo a la innovación."

"¿Como Dinamarca?"

"Exactamente", sonrió el profesor. "Los países nórdicos han entendido que necesitas tanto un sector público eficiente como un sector privado dinámico. La mejor forma de combatir la pobreza es ayudar a la gente a incrementar su productividad, y eso requiere inversión privada, tecnología y formación."

"Pero mientras tanto, la gente sigue siendo pobre", protestó Marta.

"Por eso necesitamos ambas cosas", respondió el profesor. "Protección social para aliviar el sufrimiento inmediato y romper los círculos viciosos de la pobreza, pero también políticas que fomenten el crecimiento y la creación de empleo de calidad. Es como construir un puente desde ambos extremos."

Marta pareció reflexionar. "¿Y cómo sabemos cuál es el equilibrio correcto?"

"Esa es la pregunta del millón", sonrió el profesor. "Requiere análisis cuidadoso, experimentación prudente y ajustes constantes. Por ejemplo, podemos estudiar qué políticas sociales dan mejores resultados por euro invertido. O cómo diseñar impuestos que recauden lo necesario sin desincentivar la actividad económica."

"Suena complicado."

"Lo es", admitió el profesor. "Pero hay ejemplos exitosos. Los países que mejor combaten la pobreza son aquellos que han logrado este equilibrio: suficientes ingresos fiscales para financiar programas sociales efectivos, pero manteniendo un entorno favorable para la inversión y la innovación."

Marta miró su periódico arrugado. "Entonces, ¿la solución no es tan simple como dar más ayudas?"

"La compasión es un buen punto de partida", respondió el profesor. "Pero necesitamos complementarla con análisis riguroso y políticas bien diseñadas. La moderación fiscal no significa ser insensible ante la pobreza; significa asegurarnos de que tengamos recursos sostenibles para combatirla efectivamente."

La campana sonó en el claustro. "Para la próxima semana", sugirió el profesor, "¿por qué no investigas algunos programas sociales específicos y analizamos su eficiencia y sostenibilidad?"

Marta asintió, recogiendo sus cosas con menos agitación que al principio. "Supongo que la indignación es un buen motor para la acción, pero necesitamos más que eso para resolver problemas complejos."

"Precisamente", sonrió el profesor. "El corazón nos dice qué problemas necesitan solución; la cabeza nos ayuda a encontrar soluciones que realmente funcionen y perduren."

La plaza pública

Marta se encontró con el profesor Merton en un lugar inusual: la plaza central de la universidad, donde grupos de estudiantes debatían animadamente sobre diversos temas, desde política hasta música, mientras otros leían tranquilamente bajo los árboles centenarios.

"¿Por qué aquí hoy, profesor?", preguntó Marta, sentándose junto a él en un banco de piedra.

"Observa la plaza un momento", respondió el profesor. "¿Qué ves?"

Marta miró a su alrededor. "Veo... diferentes grupos. Algunos debaten, otros estudian, algunos solo charlan... Hay gente muy diferente."

"Exacto. Esta plaza es una perfecta metáfora de la democracia pluralista", sonrió el profesor. "Mira cómo conviven pacíficamente personas con diferentes intereses, creencias y formas de vida. Algunos llevan símbolos religiosos, otros visten de forma alternativa, hay conservadores y progresistas, amantes del arte y de la ciencia..."

"Pero todos comparten el mismo espacio", observó Marta.

"Y ese es el punto clave", asintió el profesor. "La democracia moderna no busca la uniformidad, sino crear un marco donde diferentes formas de vida puedan coexistir. Es como esta plaza: tenemos reglas básicas de convivencia, pero dentro de ellas, cada uno es libre de ser quien quiere ser."

"¿Y cuáles son esas reglas básicas?", preguntó Marta.

"Fundamentalmente, el humanismo, la tolerancia y el respeto a las normas cívicas", explicó el profesor. "Es como el pavimento de esta plaza: todos lo compartimos y necesitamos mantenerlo en buen estado. Sobre él, cada grupo puede desarrollar su propia visión de la vida buena."

"Pero profesor, ¿no debería el Estado promover ciertos valores?"

"Ah, una pregunta excelente", respondió el profesor. "El Estado puede y debe orientar en aquellas cuestiones que la evidencia empírica muestra que contribuyen al bienestar humano. Sabemos, por ejemplo, que las relaciones sociales significativas, el trabajo con propósito, la educación, la generosidad y la tolerancia hacen a las personas más felices. Pero esto es muy diferente a imponer una visión cultural específica."

Un grupo de estudiantes pasó cerca, discutiendo acaloradamente sobre política económica. "Mira ese grupo", señaló el profesor. "Pueden debatir apasionadamente, pero al final del día, todos respetan las reglas del debate académico. Es lo mismo en la sociedad: necesitamos un marco común de convivencia, pero dentro de él, el desacuerdo y la diversidad no solo son aceptables, son valiosos."

"¿Como una conversación civilizada?", sugirió Marta.

"Exactamente. La democracia pluralista es como una gran conversación continua entre diferentes voces. Necesitamos instituciones fuertes que moderen esta conversación, como necesitamos moderadores en un debate. Necesitamos reglas claras, como las reglas de un buen diálogo. Y sobre todo, necesitamos la disposición a escuchar y aprender de los demás."

Una campana sonó en la distancia, y algunos estudiantes comenzaron a moverse hacia sus clases. "Observa cómo la plaza cambia pero mantiene su carácter", continuó el profesor. "Las personas van y vienen, los grupos se forman y se disuelven, pero el espacio común permanece. Así debe ser una democracia pluralista: lo suficientemente fuerte para mantener el marco de convivencia, pero lo suficientemente flexible para acomodar el cambio y la diversidad."

"¿Y cómo mantenemos ese equilibrio?", preguntó Marta.

"Con instituciones sólidas, un estado de derecho respetado, y una cultura de diálogo y consenso", respondió el profesor. "Pero también reconociendo que hay ciertos valores fundamentales que no son negociables: la dignidad humana, la libertad de conciencia, la igualdad ante la ley. Son como los cimientos de esta plaza: sin ellos, todo el espacio se vendría abajo."

Marta observó cómo un grupo de estudiantes ayudaba a un compañero en silla de ruedas a superar un pequeño escalón. "También veo que la plaza necesita ser accesible para todos", comentó.

"¡Excelente observación!", exclamó el profesor. "La democracia pluralista no solo debe tolerar la diversidad, sino garantizar que todos puedan participar efectivamente en la vida pública. Eso significa eliminar barreras, crear oportunidades, asegurar que todas las voces puedan ser escuchadas."

El sol de la tarde bañaba ahora la plaza en una luz dorada. "La democracia pluralista", concluyó el profesor, "es como esta plaza a lo largo del día: siempre cambiante pero siempre la misma, uniendo a personas diferentes bajo un mismo cielo, permitiendo que cada uno encuentre su lugar mientras contribuye al espacio común."

"Es hermoso cuando lo pone así", sonrió Marta.

"Lo es", asintió el profesor. "Y como esta plaza, requiere mantenimiento constante: cuidar las instituciones, nutrir la cultura del diálogo, defender los valores fundamentales. La democracia pluralista no es un estado final, sino un proyecto continuo de convivencia en la diversidad."

La sinfonía del conflicto

La plaza de la universidad bullía con actividad aquella mañana. Un grupo de estudiantes protestaba pacíficamente por más carriles bici, mientras otro defendía la necesidad de mantener el aparcamiento para coches.

"¿Ve, profesor?", señaló Marta mientras entraban al despacho. "Ayer hablamos de la plaza pública como espacio de convivencia, pero a veces parece más un campo de batalla."

El profesor Merton sonrió mientras se sentaba. "¿Conoces a Ralf Dahrendorf, Marta? Era un sociólogo que tenía una visión fascinante sobre el conflicto social. Él argumentaba que el conflicto no es una anomalía que debamos eliminar, sino un motor necesario para el cambio social."

"¿Entonces está bien que haya protestas y desacuerdos?", preguntó Marta, sorprendida por esta perspectiva.

"No solo está bien; es necesario", respondió el profesor. "Piensa en el ejemplo que acabamos de ver: el conflicto por el espacio urbano entre ciclistas y conductores. Sin la presión de grupos organizados defendiendo el uso de la bicicleta, nuestras ciudades seguirían diseñadas exclusivamente para los coches."

Se levantó y caminó hacia la ventana, desde donde aún se podían oír los cánticos de los manifestantes. "O piensa en los derechos de la infancia. Si no hubiera grupos de la sociedad civil presionando constantemente por parques, zonas de juego seguras, mejor educación... ¿quién defendería las necesidades de los niños?"

"Pero entonces, ¿cuál es el papel del Estado?", inquirió Marta.

"El Estado idealmente debería ser un árbitro imparcial", explicó el profesor. "Aunque, como bien señalas, a veces puede ser capturado por grupos de interés - lo que llamamos 'cooptación del regulador'. Sin embargo, desde una perspectiva centrista, lo importante es cómo manejamos estos conflictos inevitables."

"¿Y cómo deberíamos manejarlos?"

"Con tres principios fundamentales", respondió el profesor, dibujando un triángulo en su pizarra. "Primero, gradualidad. Mira el ejemplo de Oslo: decidieron eliminar un 3% de los aparcamientos cada año. No fue una revolución brusca, sino una transformación gradual que dio tiempo a la adaptación."

"Como una cocción a fuego lento", sugirió Marta.

"Exactamente. Segundo principio: búsqueda activa de soluciones pacíficas. Esto significa crear espacios de diálogo, usar mediadores cuando sea necesario, buscar compromisos creativos. Y tercero: la aspiración a la razonabilidad de todos los actores."

"¿Razonabilidad?", preguntó Marta, frunciendo el ceño.

"Sí, es quizás el principio más difícil pero más importante", explicó el profesor. "Significa que, aunque tengamos intereses contrapuestos, todos los actores deberían esforzarse por entender las necesidades de los otros y buscar soluciones que, aunque no sean perfectas para nadie, sean aceptables para todos."

"Pero eso suena muy idealista", objetó Marta.

"Lo es", sonrió el profesor. "Es un ideal al que aspirar, no una descripción de la realidad. Pero los ideales son importantes: nos dan una dirección hacia la cual navegar, aunque nunca lleguemos completamente a puerto."

Se escuchó una nueva oleada de cánticos desde la plaza. "Escucha eso", dijo el profesor. "Parece caótico, pero hay un orden en el caos. Como una orquesta afinando antes del concierto: cada instrumento busca su nota, y aunque temporalmente suene discordante, el objetivo es la armonía."

"¿Entonces el conflicto puede ser... constructivo?", preguntó Marta.

"Cuando se maneja adecuadamente, el conflicto es la madre del progreso social", afirmó el profesor. "La clave está en construir instituciones y prácticas que permitan que estos conflictos se expresen y resuelvan de manera productiva. Como decía Dahrendorf, una sociedad buena no es aquella sin conflictos, sino aquella que ha aprendido a manejarlos civilizadamente."

Marta miró por la ventana, donde los manifestantes comenzaban a dialogar entre ellos. "Es como si el conflicto fuera la energía y necesitáramos canales para dirigirla constructivamente."

"Precisamente", concluyó el profesor. "Y esa es quizás la mayor sabiduría del enfoque centrista: no negar el conflicto, no suprimirlo, sino crear los marcos institucionales y culturales para que sea una fuerza de progreso en lugar de destrucción. Como una sinfonía donde las diferentes voces no compiten por silenciarse, sino por crear algo más grande que la suma de sus partes."

La tarde avanzaba, y en la plaza, los grupos de manifestantes habían formado un círculo de diálogo. "Mira", sonrió el profesor, "parece que están aprendiendo la lección por sí mismos."

El imperio de las reglas

Marta encontró al profesor Merton revisando simultáneamente un pesado tomo de jurisprudencia constitucional y los presupuestos de varios ayuntamientos. Sobre su escritorio había dispuesto, con precisión casi arquitectónica, tres objetos peculiares: una balanza antigua de latón, un juego de mikado, y un mapa detallado de servicios públicos de la ciudad.

"¿Por qué el mikado, profesor?", preguntó Marta, intrigada por la peculiar selección.

"Este simple juego", sonrió el profesor, tomando los palillos y dejándolos caer sobre el escritorio, "nos ofrece una metáfora perfecta del Estado de Derecho. Cada palillo representa una regla o institución en nuestra sociedad. Están interconectados, y mover uno sin perturbar los otros requiere precisión y cuidado. Es la base de todo lo demás que discutiremos hoy."

Señaló la balanza. "El Estado de Derecho significa que las mismas reglas se aplican a todos por igual. Como esta balanza: no discrimina entre lo que pesa, simplemente mide con precisión imparcial. Pero va mucho más allá", continuó el profesor, acariciando pensativamente el metal pulido del instrumento. "El imperio de la ley es el fundamento sobre el que se construye todo lo demás en una sociedad próspera."

"¿A qué se refiere exactamente?", preguntó Marta.

"Piensa en el mercado", explicó el profesor. "Para que las empresas inviertan, para que la gente emprenda y comercie, necesitan tener la seguridad de que sus contratos serán respetados, que su propiedad estará protegida, que las disputas se resolverán de manera justa. Sin un sistema legal efectivo, la actividad económica se reduce a transacciones simples basadas en la confianza personal."

Se levantó y caminó hacia la ventana, desde donde se veía la animada vida del campus. "Y mira la sociedad civil: esas asociaciones de estudiantes, los grupos culturales, las organizaciones sin ánimo de lucro... Todo eso solo puede florecer cuando las personas se sienten seguras, cuando saben que están protegidas de decisiones arbitrarias, cuando tienen la autonomía garantizada por la ley para perseguir sus propios objetivos y metas."

"Entonces, ¿la ley es como... el terreno fértil para todo lo demás?", aventuró Marta.

"Exactamente", asintió el profesor con entusiasmo. "Sin un sistema legal justo y efectivo, ni el mercado más dinámico ni la sociedad civil más vibrante pueden desarrollarse plenamente. La ley proporciona la seguridad física que necesitamos para vivir sin miedo, la seguridad jurídica que necesitamos para planificar nuestro futuro, y la protección contra el poder arbitrario que necesitamos para ser verdaderamente libres. Es como el cimiento de un edificio: invisible una vez que está construido, pero absolutamente esencial para que todo lo demás se mantenga en pie."

"Pero profesor", intervino Marta, "a veces vemos que la justicia no es tan imparcial..."

"Y aquí es donde entra la buena gobernanza", respondió, tomando ahora los presupuestos municipales. "No basta con tener leyes justas y aplicarlas imparcialmente. Necesitamos también asegurar que los recursos públicos se utilicen con responsabilidad y eficiencia."

Desplegó el mapa de servicios públicos. "Mira esta ciudad. Cada servicio público -hospitales, escuelas, transporte- representa la confianza de los ciudadanos materializada en recursos que deben maximizar el beneficio social. La responsabilidad pública significa que cada funcionario debe poder explicar y justificar sus decisiones."

"¿Como una auditoría continua?", sugirió Marta.

"Exactamente, pero va más allá", explicó el profesor. "Cuando hablamos de buena gobernanza, hablamos de tres niveles interconectados, como las capas de nuestro juego de mikado. El primer nivel es el Estado de Derecho: las reglas básicas que todos deben seguir. El segundo es la responsabilidad: cada decisión debe poder justificarse ante la ciudadanía. Y el tercero es la eficiencia: cada recurso debe utilizarse de manera que maximice el beneficio social."

Señaló varios puntos en el mapa. "Cuando un gobierno gasta ineficientemente, no solo desperdicia dinero; desperdicia oportunidades. Cada euro mal gastado es un euro que no va a educación, sanidad o servicios sociales. Por eso necesitamos sistemas sofisticados de evaluación y rendición de cuentas."

"¿Y cómo se conecta todo esto?", preguntó Marta, mirando alternadamente el mikado y los presupuestos.

"Como estos palillos interconectados", respondió el profesor. "Las instituciones se sostienen mutuamente: los tribunales supervisan al gobierno, el parlamento controla el presupuesto, los organismos de control evalúan la eficiencia, los medios investigan la corrupción, la sociedad civil vigila a todos. Cuando funciona bien, este sistema no solo previene abusos, sino que crea un círculo virtuoso de mejora continua."

Marta observó cómo la luz de la tarde creaba sombras intrincadas a través del mikado. "Entonces la buena gobernanza es como un juego muy complejo..."

"Un juego donde cada movimiento importa", asintió el profesor. "Necesitamos el marco legal como base, la responsabilidad como principio, y la eficiencia como método. Es una combinación de ciencia y arte: necesitamos datos, análisis y métodos rigurosos, pero también juicio, empatía y comprensión de las necesidades humanas."

La tarde avanzaba, y las sombras se alargaban sobre los documentos desplegados. "Recuerda", concluyó el profesor, "el Estado de Derecho es como el aire que respiramos en una sociedad democrática: no lo notamos cuando está presente, pero su ausencia hace imposible la vida civilizada. Y la buena gobernanza es como la habilidad para jugar este complejo juego de mikado: cada movimiento debe ser preciso, responsable y eficiente, porque cada recurso público es sagrado."

Marta asintió, comprendiendo la profundidad de las metáforas. "Es como si cada uno de nosotros fuera un guardián de este delicado equilibrio."

"Y cada euro bien gastado", sonrió el profesor, recogiendo cuidadosamente los palillos, "es una promesa cumplida a la ciudadanía."

El mercado domado

Marta llegó al despacho del profesor Merton con una expresión que mezclaba entusiasmo y confusión. "Profesor, tuve una conversación fascinante con mi hermano Guillermo anoche. Me estuvo hablando sobre el capitalismo y la 'destrucción creativa'..."

El profesor sonrió, reconociendo en su alumna esa mirada característica de quien está procesando ideas complejas. "¿Y qué te contó Guillermo?"

"Me habló de cómo el capitalismo ha sacado a millones de personas de la pobreza, que es el estado natural del ser humano. Me mostró gráficos sobre la reducción de la pobreza global en las últimas décadas. Y mencionó este concepto de 'destrucción creativa', sobre cómo las nuevas tecnologías y empresas reemplazan a las viejas..."

"Ah, Schumpeter", asintió el profesor. "Tu hermano tiene razón en muchas cosas. El mercado es probablemente el mecanismo más eficiente que hemos descubierto para generar riqueza y promover la innovación. Pero", hizo una pausa significativa, "esa es solo una parte de la historia."

Se levantó y dibujó dos círculos interconectados en la pizarra. "Lo que necesitamos entender es el concepto de economía social de mercado. Es como un río poderoso: puede mover molinos y generar electricidad, pero necesita cauces y presas para ser verdaderamente útil."

"¿Entonces el mercado necesita control?", preguntó Marta.

"Más bien orientación y complemento", corrigió el profesor. "Mira, el mercado es excelente para muchas cosas: asignar recursos eficientemente, incentivar la innovación, responder a las preferencias de los consumidores. Pero también tiene limitaciones y fallas."

"¿Como cuáles?"

"Por ejemplo", explicó el profesor, "el mercado por sí solo no se preocupa por la equidad en la distribución de la riqueza. No proporciona bienes públicos como parques, educación o defensa nacional. No previene la contaminación si no hay regulación. Y la 'destrucción creativa' que mencionaba tu hermano, aunque impulsa el progreso, puede crear disrupciones sociales significativas."

Marta asintió, recordando su conversación. "Guillermo también mencionó eso, que el progreso tecnológico puede hacer desaparecer trabajos..."

"Exactamente. Y aquí es donde entra la parte 'social' de la economía social de mercado", continuó el profesor. "Necesitamos políticas que ayuden a las personas a adaptarse al cambio: educación continua, reentrenamiento laboral, redes de seguridad social. No para resistir el cambio, sino para hacerlo más manejable y equitativo."

Caminó hacia su biblioteca y sacó dos libros: "La Riqueza de las Naciones" de Adam Smith y "La Gran Transformación" de Karl Polanyi. "Mira, Smith nos enseñó el poder del mercado para generar prosperidad. Polanyi nos recordó que el mercado está incrustado en la sociedad y necesita instituciones sociales para funcionar adecuadamente."

"¿Como un ecosistema?", sugirió Marta.

"¡Excelente analogía!", exclamó el profesor. "En un ecosistema saludable, diferentes especies compiten pero también cooperan. Necesitan reglas de convivencia. La economía social de mercado busca ese balance: competencia vigorosa pero justa, innovación pero con protección social, eficiencia pero con propósito social."

Dibujó más elementos en el diagrama. "Necesitamos regulación antimonopolio para mantener la competencia. Necesitamos estándares ambientales y laborales. Necesitamos inversión pública en educación, infraestructura e investigación básica. Y necesitamos un sistema de protección social que dé a las personas la seguridad para tomar riesgos y adaptarse al cambio."

"¿Y esto no frena el dinamismo del mercado?", preguntó Marta, recordando los argumentos de su hermano.

"Al contrario", sonrió el profesor. "Los países más competitivos del mundo, como los nórdicos, son economías sociales de mercado. El estado facilita las condiciones para que los negocios prosperen. La seguridad social bien diseñada no debilita el mercado; lo fortalece al crear el marco de estabilidad y confianza necesario para la innovación y el emprendimiento."

"Es como... domesticar el capitalismo sin matarlo", reflexionó Marta.

"¡Precisamente! El objetivo no es reprimir las fuerzas del mercado, sino canalizarlas para el bien común. Como tu hermano señala, el capitalismo tiene un poder increíble para generar prosperidad. El arte está en aprovechar ese poder mientras mitigamos sus efectos negativos."

La tarde avanzaba, y Marta parecía estar procesando todas estas ideas. "Creo que tengo que tener otra conversación con Guillermo", sonrió.

"Dile que el verdadero debate no es mercado sí o no, sino qué tipo de marco institucional y social necesita el mercado para funcionar mejor", concluyó el profesor. "La economía social de mercado no es un compromiso tibio entre capitalismo y socialismo; es una síntesis sofisticada que reconoce tanto el poder del mercado como la importancia de la cohesión social."

"Como el río y sus cauces", murmuró Marta, recordando la metáfora inicial.

"Exactamente. Y como todo buen cauce, debe ser lo suficientemente fuerte para contener el río, pero lo suficientemente flexible para permitir su flujo natural."

Casa y trabajo: Los cimientos de una vida digna

Marta llegó al despacho del profesor Merton con recortes de periódico en la mano. Los titulares hablaban de la crisis de la vivienda y del aumento de la precariedad laboral entre los jóvenes.

"Profesor", comenzó, con una mezcla de frustración y preocupación en su voz, "hemos hablado de grandes ideas sobre el mercado y el estado, pero ¿qué hay de los problemas concretos que afectan a mi generación? Parece imposible acceder a una vivienda digna o encontrar un trabajo estable."

El profesor asintió gravemente. "Has tocado dos de los desafíos más fundamentales de nuestro tiempo, Marta. Y son especialmente interesantes porque ilustran perfectamente cómo el enfoque centrista puede ofrecer soluciones efectivas."

Tomó un mapa de su estantería y lo desplegó sobre el escritorio. "Empecemos por la vivienda. Es un bien muy especial, ¿sabes? No es como un teléfono móvil o un par de zapatos. Es una necesidad básica cuya oferta está limitada por algo tan fundamental como el espacio físico."

"¿Por eso es tan difícil resolver el problema?", preguntó Marta.

"En parte. Pero hay ciudades que han encontrado soluciones fascinantes. Mira Viena", señaló en el mapa. "Han desarrollado un modelo donde el 60% de la población vive en viviendas sociales o subsidiadas. No son 'viviendas para pobres', sino hogares de calidad accesibles para la mayoría. Los vieneses están orgullosos de su sistema."

"Pero eso suena muy... socialista", dudó Marta.

"Ah, pero mira Singapur", sonrió el profesor. "Una economía de mercado vibrante donde el 80% de la población vive en viviendas públicas. Han combinado planificación rigurosa con mecanismos de mercado: subsidios, sorteos justos, y políticas para mantener los precios privados bajo control."

Se levantó y dibujó tres círculos en la pizarra: "Público", "Cooperativo" y "Privado". "Y luego está Ámsterdam, que ha creado un equilibrio entre estos tres sectores. Vivienda social para quien la necesita, cooperativas para la clase media, y mercado privado regulado. La clave es la diversidad de opciones y la regulación inteligente."

Marta tomó notas rápidamente. "¿Y qué hay del trabajo? Todos hablan de la precariedad..."

"Aquí es donde entra el modelo danés de flexiseguridad", respondió el profesor, dibujando ahora un triángulo. "Imagina tres elementos en equilibrio: flexibilidad para las empresas, seguridad para los trabajadores, y políticas activas de empleo."

"No entiendo cómo puede funcionar eso", dudó Marta.

"Piensa en ello así: las empresas pueden contratar y despedir con relativa facilidad, lo que les permite adaptarse a los cambios del mercado. Pero", enfatizó el profesor, "los trabajadores tienen una red de seguridad sólida: seguro de desempleo generoso y, crucialmente, programas de formación continua de alta calidad."

"¿Y funciona?"

"Dinamarca tiene una de las tasas de empleo más altas del mundo y una de las fuerzas laborales más productivas. Pero", advirtió el profesor, "requiere tres cosas: un estado eficiente, empresas responsables y una cultura de confianza mutua."

Marta pareció reflexionar. "Entonces, tanto en vivienda como en trabajo, ¿la solución está en combinar diferentes aproximaciones?"

"¡Exactamente! Y aquí está la lección centrista fundamental: no es mercado versus estado, sino mercado y estado trabajando juntos con reglas claras. En vivienda, necesitamos construcción pública y privada, mixta y de cooperativas, tanto regulación como incentivos. En empleo, necesitamos tanto flexibilidad como protección."

"Como una receta con varios ingredientes", sugirió Marta.

"Y como en toda buena receta, las proporciones importan", asintió el profesor. "Cada sociedad debe encontrar su equilibrio específico. Pero los principios son claros: diversidad de opciones, regulación inteligente, y un estado que no solo corrige fallos del mercado, sino que crea activamente soluciones."

La tarde avanzaba, y Marta miró por la ventana hacia la ciudad. "¿Cree que podemos resolver estos problemas?"

"Tenemos los modelos", respondió el profesor. "Viena, Singapur, Ámsterdam en vivienda; Dinamarca

en empleo. No son perfectos, pero nos muestran que
es posible combinar eficiencia económica con justicia
social. El desafío es construir las instituciones y la vo-
luntad política para implementar soluciones similares."

"Es esperanzador", sonrió Marta, "saber que
existen soluciones reales."

"Y esa es quizás la lección más importante",
concluyó el profesor. "El centrismo no es una utopía:
es un conjunto de prácticas probadas que pueden
crear sociedades más justas y funcionales. Solo necesitamos la sabiduría y la motivación para aprender de
ellas."

Puentes y escaleras

Marta llegó al despacho del profesor Merton visiblemente perturbada. Acababa de presenciar una acalorada discusión en la cafetería de la universidad sobre el sistema de becas.

"Profesor, necesito su opinión sobre algo", comenzó, apenas sentada. "Hay dos estudiantes en mi clase. María viene de un barrio desfavorecido, sus padres no terminaron la secundaria, pero ella se esfuerza enormemente y mantiene notas por encima de la media. Juan viene de una familia acomodada, tiene acceso a todos los recursos, y saca las mejores notas de la clase. La universidad tiene una beca de investigación limitada. ¿Quién debería recibirla?"

El profesor Merton sonrió, apreciando la complejidad del dilema. "Has planteado uno de los debates más fundamentales sobre la justicia social. ¿Deberíamos premiar el mérito absoluto o considerar el esfuerzo relativo y las circunstancias?"

"¿Cuál es la respuesta correcta?", insistió Marta.

"Antes de responder", propuso el profesor, "analicemos los principios en juego. Por un lado, tenemos la igualdad de oportunidades. María ha tenido que superar obstáculos significativos para llegar donde está. Por otro lado, está la responsabilidad personal y el mérito: Juan ha alcanzado la excelencia académica."

"Pero Juan partía con ventaja", argumentó Marta.

"Cierto. Y aquí está el corazón del debate sobre la justicia social equilibrada", explicó el profesor. "Necesitamos reconocer dos verdades simultáneas: que las circunstancias de nacimiento influyen enormemente en nuestras posibilidades, y que el esfuerzo y la responsabilidad personal también importan."

Se levantó y dibujó una escala en la pizarra. "La justicia social equilibrada busca crear un sistema donde protejamos los derechos fundamentales y compensemos las desventajas injustas, pero manteniendo incentivos para el esfuerzo y la excelencia."

" Pero, ¿cómo se logra ese equilibrio en casos concretos como este?", preguntó Marta.

"Una aproximación podría ser crear diferentes categorías de becas", sugirió el profesor. "Algunas basadas en mérito absoluto, otras que consideren el progreso relativo y las circunstancias. O sistemas de puntuación que combinen ambos factores."

"¿No es eso complicar las cosas?"

"La justicia social es complicada", sonrió el profesor. "Piensa en un maratón. ¿Sería justo que todos empezaran desde la misma línea si algunos corredores llevan peso extra? ¿O que algunos empezaran más adelante? ¿Qué incentiva mejor el esfuerzo y al mismo tiempo compensa las desventajas injustas?"

Marta frunció el ceño, pensativa. "¿Y qué pasa con la responsabilidad personal?"

"Es crucial", afirmó el profesor. "La justicia social no significa igualdad de resultados, sino crear condiciones donde cada persona pueda desarrollar su potencial. Necesitamos apoyar a quienes enfrentan desventajas, pero también mantener la conexión entre esfuerzo y recompensa."

"¿Como un equilibrista?"

"Exactamente. Demasiado énfasis en la compensación puede desincentivar el esfuerzo. Demasiado énfasis en el mérito puro puede perpetuar las desigualdades injustas. El arte está en encontrar el balance."

"¿Y en el caso de la beca?", insistió Marta.

"¿Qué te parece si lo pensamos así?", propuso el profesor. "¿Qué solución maximizaría tanto la justicia como la excelencia académica a largo plazo? ¿Qué mensaje queremos enviar como institución?"

Marta reflexionó un momento. "Quizás... ¿dividir la beca? ¿O crear un sistema donde Juan pueda ser mentor de María, beneficiándose ambos?"

"Esas son exactamente el tipo de soluciones creativas que necesitamos", sonrió el profesor. "La justicia social equilibrada no se trata solo de distribuir recursos, sino de crear sistemas que promuevan tanto la equidad como la excelencia."

"Es como si necesitáramos ser justos en dos dimensiones diferentes al mismo tiempo", observó Marta.

"Precisamente. Y recordando siempre que el objetivo final es crear una sociedad donde cada persona tenga una oportunidad real de desarrollar su potencial, independientemente de sus circunstancias de nacimiento, pero donde también se reconozca y recompense el esfuerzo individual."

La tarde empezaba a caer, y las sombras se alargaban en el despacho. "No hay respuestas fáciles", concluyó el profesor, "pero quizás esa sea la lección más

importante. La justicia social requiere tanto compasión
como rigor, tanto apoyo como exigencia."

"Como María y Juan", sonrió Marta, "cada uno
aportando algo valioso a su manera."

"Y nuestra tarea", asintió el profesor, "es crear
sistemas que reconozcan y nutran ambos tipos de valor."

Los límites del jardín

Marta irrumpió en el despacho del profesor Merton con una *tablet* en la mano. En la pantalla se podía ver un gráfico alarmante sobre el aumento de la temperatura global.

"Profesor", comenzó, con voz tensa, "¿cómo podemos hablar de centrismo y moderación cuando el planeta se está quemando? Los últimos datos sobre cambio climático son aterradores. ¿No necesitamos medidas drásticas, inmediatas?"

El profesor observó a su alumna con comprensión. En lugar de responder inmediatamente, se acercó a la ventana y señaló el jardín botánico de la universidad, donde un equipo estaba instalando paneles solares sobre el invernadero victoriano.

"¿Ves ese proyecto, Marta? Es un ejemplo perfecto de lo que llamo 'sostenibilidad ambiental responsable'. Están preservando un edificio histórico mientras lo adaptan a las necesidades del futuro. No están demoliendo para construir algo nuevo; están innovando dentro de los límites existentes."

"Pero profesor, ¿no es demasiado poco y demasiado tarde?"

"Entiendo tu preocupación", respondió el profesor, volviendo a su escritorio. "Pero permíteme explicarte por qué el enfoque centrista sobre la sostenibilidad ambiental podría ser más efectivo de lo que parece. Imagina la sostenibilidad como un jardín que necesita cuidado constante, no una revolución destructiva."

"¿A qué se refiere?"

"Primero, debemos entender que la sostenibilidad ambiental no está reñida con el progreso económico y social. De hecho, están íntimamente conectados. Mira esto", dijo, dibujando un diagrama de cuatro círculos intersectados. "Mercado, tecnología, sociedad civil y regulación pueden trabajar juntos para crear soluciones sostenibles."

"¿Pero el mercado no es parte del problema?", cuestionó Marta.

"El mercado sin guía es como un río sin cauce", explicó el profesor. "Pero con los incentivos correctos, puede ser una fuerza poderosa para la sostenibilidad.

Piensa en cómo los coches eléctricos han pasado de ser una curiosidad a una industria en auge. ¿Por qué? Porque combinamos regulación inteligente, innovación tecnológica y fuerzas del mercado."

Se levantó y comenzó a escribir en la pizarra. "La sostenibilidad responsable se basa en tres principios: eficiencia, innovación y adaptación. A veces, las soluciones más sostenibles son también las más eficientes. El transporte público no es solo más ecológico; en ciudades densas, es más eficiente que el coche privado."

"¿Entonces no necesitamos decrecer?", preguntó Marta, escéptica.

"Necesitamos crecer de manera diferente", matizó el profesor. "Algunas actividades deben decrecer, sí, pero otras deben expandirse. Con la regulación y la política adecuada, esto puede lograrse. No se trata de reducir nuestro nivel de vida, sino de rediseñarlo. La energía renovable, la economía circular, la agricultura sostenible... son sectores que deben crecer."

Tomó un libro de su estante. "Mira estos casos de éxito: ciudades que han reducido drásticamente sus emisiones mientras mejoraban la calidad de vida de sus habitantes. Países que han desacoplado su crecimiento económico de su impacto ambiental. Procesos y productos que se han desmaterializado y reducido su impacto ambiental. No son utopías; son ejemplos reales de sostenibilidad responsable en acción."

"Pero, ¿tenemos tiempo?", insistió Marta.

"El tiempo es un factor crítico, cierto", reconoció el profesor. "Pero precisamente por eso necesitamos soluciones que funcionen y sean implementables. El pánico puede paralizar; la acción responsable y coordinada puede transformar. Tenemos las herramientas: conocimiento científico, políticas ambientales, presión social, energías renovables cada vez más baratas, tecnologías de eficiencia energética, nuevos materiales, sistemas inteligentes de gestión..."

"Como los paneles solares del invernadero", murmuró Marta, mirando por la ventana.

"Exactamente. Y fíjate en algo más: esos paneles no solo generan electricidad; generan datos que ayudan a optimizar su uso. La sostenibilidad moderna es inteligente, adaptativa, tecnológica. No se trata de volver a un pasado preindustrial, sino de crear un futuro donde la prosperidad y la sostenibilidad coexistan."

Marta pareció reflexionar. "¿Entonces el progreso no es el enemigo?"

"El progreso es dar respuesta a los nuevos problemas que nosotros mismos hemos creado", sonrió el profesor. "La revolución industrial nos dio prosperidad, pero también contaminación. Ahora, la revolución verde y los principios de la sostenibilidad nos están dando las herramientas para mantener esa prosperidad de forma sostenible. Solo necesitamos la motivación adecuada para llevarla a cabo".

La luz del atardecer se reflejaba en los nuevos paneles solares, creando destellos dorados. "La sostenibilidad responsable", concluyó el profesor, "es como ese invernadero: preserva lo valioso del pasado mientras incorpora las innovaciones sociales y tecnológicas necesarias para el futuro. No es una utopía verde ni un apocalipsis climático; es el difícil pero necesario trabajo de adaptar nuestra civilización a los límites de nuestro jardín planetario."

"Como un jardinero prudente", reflexionó Marta.

"Que sabe que el jardín necesita cuidado constante, no pánico ni negligencia", asintió el profesor. "Y que entiende que la verdadera sostenibilidad es aquella que podemos mantener en el tiempo, porque funciona tanto para el planeta como para las personas."

Más allá de las fronteras

Marta entró en el despacho del profesor Merton con el rostro ensombrecido. En su *tablet* brillaba la imagen de edificios destruidos en Ucrania.

"Profesor", comenzó con voz grave, "¿cómo podemos hablar de cooperación internacional cuando vemos guerras como esta? ¿Cuando hay líderes que parecen despreciar completamente las reglas internacionales?"

El profesor observó la imagen con tristeza antes de responder. "Tu pregunta toca uno de los temas más cruciales de nuestro tiempo, Marta. Y nos ayuda a entender por qué la cooperación internacional no es solo un ideal bonito, sino una necesidad vital para la supervivencia de la civilización."

Se levantó y desplegó un gran mapa mundial en la pared. "Mira este mundo interconectado. El comercio, el conocimiento, los desafíos ambientales, las pandemias... todo cruza las fronteras. Ningún país, por poderoso que sea, puede enfrentar solo los grandes retos de nuestro tiempo."

"Pero entonces, ¿por qué existe el nacionalismo radical?", preguntó Marta.

"El nacionalismo extremo", explicó el profesor, "suele surgir cuando los líderes manipulan los miedos y las inseguridades de la gente. Es importante distinguir entre el patriotismo saludable -el amor por tu país y su cultura- y el nacionalismo radical que ve a otras naciones como enemigas."

"Como Putin", murmuró Marta, mirando de nuevo las imágenes en su *tablet*.

"Exactamente. Putin ejemplifica cómo el nacionalismo radical puede llevar a desastres humanitarios", asintió el profesor con gravedad. "La historia está llena de ejemplos similares, y las consecuencias son siempre las mismas: sufrimiento humano innecesario, destrucción económica, retroceso civilizatorio."

Se acercó a su biblioteca y sacó una copia del tratado de la Unión Europea. "Pero también tenemos ejemplos positivos. La Unión Europea, por ejemplo, nació de las cenizas de dos guerras mundiales. Antiguos enemigos decidieron que la cooperación era mejor que el conflicto."

"¿Y cómo funciona esa cooperación en la práctica?", preguntó Marta.

"La clave está en crear marcos de reglas claras que todos los países acuerden respetar", explicó el profesor. "Piensa en el comercio internacional, los acuerdos ambientales, los tribunales internacionales... Son como las reglas de tráfico entre países: todos se benefician si todos las respetan."

"Pero algunos países no las respetan", objetó Marta.

"Y por eso necesitamos instituciones internacionales fuertes", respondió el profesor. "Pero también necesitamos entender que la cooperación internacional no significa abandonar los intereses nacionales legítimos. Es como una orquesta internacional: cada país toca su propio instrumento, pero todos siguen la misma partitura para crear algo hermoso juntos."

Caminó hacia la ventana, desde donde se veían estudiantes de intercambio de diferentes países charlando en el jardín. "Mira esa escena. Esos estudiantes están aprendiendo algo crucial: que nuestras diferencias pueden enriquecernos en lugar de dividirnos."

"Pero, ¿cómo evitamos que surjan más Putins?", insistió Marta.

"Construyendo sociedades resilientes al nacionalismo radical", respondió el profesor. "Esto significa educación internacional, intercambios culturales, comercio justo, instituciones democráticas fuertes... Y sobre todo, manteniendo viva la memoria histórica de lo que ocurre cuando el nacionalismo extremo toma el poder."

Se detuvo frente a un pequeño globo terráqueo en su escritorio. "El centrismo en relaciones internacionales significa encontrar el equilibrio entre los intereses nacionales legítimos y la necesidad de cooperación global. Significa reconocer que en el siglo XXI, la verdadera soberanía no está en el aislamiento, sino en la participación inteligente en la comunidad internacional."

Marta miró de nuevo las imágenes de destrucción en su *tablet*. "Es difícil mantener la esperanza a veces."

"Por eso es tan importante recordar los éxitos", sonrió el profesor. "La erradicación de la viruela través de la cooperación internacional. La reducción de la capa de ozono detenida por acuerdos globales. La expansión del comercio que ha sacado a millones de la pobreza. La paz en Europa durante décadas..."

"Hasta que Putin la rompió", interrumpió Marta.

"Y precisamente por eso", concluyó el profesor con firmeza, "debemos defender aún más la cooperación internacional basada en reglas. Porque la alternativa, como estamos viendo, es inaceptable. El nacionalismo radical nunca está justificado, porque siempre termina en tragedia."

La tarde caía, y en el jardín, los estudiantes internacionales seguían conversando animadamente. "Esa es la verdadera imagen del futuro que debemos construir", señaló el profesor. "Un mundo donde la cooperación triunfe sobre el conflicto, donde las reglas internacionales se respeten, y donde el patriotismo saludable coexista con una visión global compartida."

"Como una ciudadanía múltiple", reflexionó Marta, "donde puedes amar tu país y al mismo tiempo ser parte de algo más grande."

"Exactamente", asintió el profesor. "Porque en el fondo, todos compartimos el mismo hogar: este pequeño planeta azul que no conoce de fronteras."

El individuo y la tribu

La lluvia golpeaba suavemente los cristales del despacho cuando Marta llegó aquella tarde. El profesor Merton había dispuesto sobre su escritorio dos objetos intrigantes: un espejo y una fotografía antigua de una celebración comunitaria.

"¿Por qué estos objetos, profesor?", preguntó Marta mientras se sacudía las gotas de lluvia del abrigo.

"Porque hoy vamos a hablar de uno de los dilemas más profundos de la condición humana", respondió el profesor. "El equilibrio entre nuestra naturaleza individual y nuestra naturaleza social. Entre lo que nos hace únicos y lo que nos conecta con los demás."

Señaló el espejo. "Cuando te miras al espejo, ves a un individuo único, con sus propios pensamientos, deseos y aspiraciones. Pero", giró la fotografía hacia ella, "también eres parte de múltiples comunidades que han moldeado quién eres: familia, amigos, vecindario, cultura..."

"¿Como dos caras de una misma moneda?", sugirió Marta.

"Más bien como dos fuerzas en constante interacción", explicó el profesor. "La neurociencia social nos ha mostrado algo fascinante: nuestros cerebros están literalmente cableados para ambas realidades. Tenemos circuitos neuronales dedicados a la autodeterminación y la autonomía, y otros especializados en la conexión social y la empatía."

Se levantó y comenzó a dibujar en la pizarra dos círculos conectados. "Aquí es donde entra el comunitarismo, una corriente filosófica que argumenta que nuestra identidad y bienestar están fundamentalmente ligados a nuestras comunidades. Y tienen evidencia sólida de su lado: los estudios muestran consistentemente que las personas con fuertes vínculos comunitarios tienden a ser más felices y resilientes."

"Pero", intervino Marta, "¿qué pasa con la libertad individual?"

"Ah, ahí está el meollo del asunto", sonrió el profesor. "El liberalismo tradicional enfatiza la autonomía personal, y también tiene respaldo científico. La investigación en psicología muestra que la sensación de autodeterminación es crucial para nuestro bienestar mental. Necesitamos sentirnos autores de nuestras propias vidas."

"¿Entonces quién tiene razón?"

"Ambos, y ninguno por separado", respondió el profesor. "La neurociencia moderna nos muestra que somos simultáneamente individuos autónomos y seres profundamente sociales. Es como una danza continua entre independencia e interdependencia."

Tomó un libro de su estantería. "Los estudios sobre el desarrollo cerebral muestran que tanto el aislamiento extremo como la conformidad forzada son perjudiciales. Necesitamos tanto espacios de autonomía personal como conexiones significativas con otros."

"¿Y cómo encontramos ese balance?", preguntó Marta.

"El enfoque centrista busca crear marcos sociales que nutran ambas dimensiones", explicó el profesor. "Por ejemplo, un sistema educativo que fomente tanto el pensamiento independiente como la colaboración. O políticas urbanas que combinen espacios privados con lugares de encuentro comunitario."

Se detuvo frente a la fotografía antigua. "El comunitarismo nos recuerda algo vital: que somos fundamentalmente seres sociales, que nuestras identidades se forjan en el crisol de la comunidad. Pero el liberalismo añade una verdad igualmente importante: que cada persona debe tener la libertad de definir su propio camino dentro de ese contexto social."

"Como un árbol", reflexionó Marta. "Necesita raíces en la comunidad pero también espacio para crecer en su propia dirección."

"¡Excelente metáfora!", exclamó el profesor. "Y así como un bosque saludable necesita tanto árboles individuales fuertes como un ecosistema interconectado, una sociedad saludable necesita tanto individuos autónomos como comunidades vibrantes."

La lluvia había amainado, y un rayo de sol atravesaba las nubes. "El desafío del centrismo", continuó el profesor, "es crear instituciones y prácticas que honren ambas dimensiones. Que protejan los derechos individuales mientras nutren la responsabilidad colectiva. Que celebren la diversidad personal mientras fortalecen los lazos comunitarios."

"¿Es posible?", preguntó Marta, mirando alternativamente el espejo y la fotografía.

"No solo es posible; es necesario", respondió el profesor. "Porque cuando forzamos a las personas a elegir entre individualismo extremo y colectivismo absoluto, perdemos algo esencial de nuestra humanidad. El arte está en encontrar formas de ser únicos juntos, de ser libres en comunidad."

La tarde se desvanecía, y las luces del despacho comenzaban a brillar suavemente. "Recuerda", concluyó el profesor, "cada vez que te mires al espejo, que esa persona única que ves es también el producto de incontables conexiones humanas. Y cada vez que participes en tu comunidad, que tu individualidad es un regalo que enriquece el tejido social."

Marta asintió, comprendiendo. "Como una sinfonía", dijo, "donde cada instrumento mantiene su voz única pero contribuye a algo más grande."

"Exactamente", sonrió el profesor. "Y el centrismo es el director que intenta mantener ese delicado equilibrio entre las voces individuales y la armonía del conjunto."

Las tres esferas del cambio

"Profesor", dijo Marta con entusiasmo, inclinándose hacia adelante en su silla, "todo esto del balance entre individuo y comunidad me hace pensar... En los movimientos sociales siempre hay debate sobre qué es más importante: cambiar las conductas individuales o transformar el sistema. Por ejemplo, en la crisis climática, ¿debemos centrarnos en que la gente recicle y use menos el coche, o en cambiar las políticas energéticas?"

El profesor Merton sonrió, apreciando la profundidad de la pregunta. Se levantó y dibujó tres círculos concéntricos en la pizarra.

"Es una falsa dicotomía, Marta. El cambio social significativo siempre ocurre en tres niveles interconectados. Los llamamos micro, meso y macro. Piensa en ellos como las capas de una cebolla, cada una influyendo en las otras."

Señaló el círculo más pequeño. "El nivel micro es el del cambio individual: nuestras conductas, actitudes, valores. Por ejemplo, cuando alguien decide empezar a usar la bicicleta para ir al trabajo."

"¿Como yo el mes pasado?", interrumpió Marta.

"Exactamente. Ahora, el nivel meso", continuó, señalando el círculo intermedio, "involucra grupos, organizaciones e instituciones locales. Podría ser tu universidad creando más aparcamientos para bicicletas, o un grupo de vecinos organizando un sistema de préstamo de bicis comunitario."

"Y el macro sería...", aventuró Marta.

"El nivel sistémico", completó el profesor. "Infraestructuras, políticas públicas, sistemas económicos. Como cuando una ciudad construye una red completa de carriles bici o cuando un gobierno cierra una central de carbón."

Se sentó en el borde de su escritorio. "Lo fascinante es cómo estos niveles interactúan. A veces, el cambio comienza desde abajo: cuando suficientes personas empiezan a usar la bicicleta, crean una masa crítica que presiona por mejor infraestructura ciclista. Otras veces, el cambio viene desde arriba: una nueva infraestructura ciclista hace que más gente se anime a pedalear."

"¿Como un ecosistema?", sugirió Marta.

"¡Precisamente! Y como en un ecosistema, los cambios en un nivel afectan a los otros. Por ejemplo, cuando una ciudad construye carriles bici (macro), las empresas empiezan a instalar aparcamientos para sus empleados ciclistas (meso), y más personas consideran el ciclismo como una opción viable (micro)."

Marta pareció reflexionar. "Pero algunos dicen que centrarse en el cambio individual distrae de la necesidad de cambio sistémico..."

"Entiendo esa preocupación", asintió el profesor. "Pero piensa en el movimiento por los derechos civiles. Requirió tanto cambios en las leyes y políticas como transformaciones en las actitudes individuales y las normas sociales. No puedes tener uno sin el otro."

Se levantó y añadió flechas entre los círculos. "Las normas sociales son particularmente interesantes. Cuando ves a tus vecinos usando la bicicleta, es más probable que tú también lo consideres. Cuando suficientes personas lo hacen, se convierte en una nueva norma social, que a su vez influye en las políticas públicas."

"Como una reacción en cadena", dijo Marta.

"Exacto. Y aquí está la clave para el enfoque centrista del cambio social: necesitamos actuar en todos los niveles simultáneamente. Promover cambios individuales mientras construimos instituciones de apoyo y presionamos por reformas sistémicas."

Miró por la ventana, donde algunos estudiantes aparcaban sus bicicletas. "A veces, el cambio estructural es crucial - no puedes pedalear si no hay carriles seguros. Otras veces, el cambio individual es el catalizador - los carriles bici vacíos no transforman una ciudad."

"Entonces, ¿no hay que elegir entre uno u otro?"

"No solo no hay que elegir", sonrió el profesor, "sino que no podemos elegir. El cambio social significativo siempre implica una danza entre lo individual y lo sistémico, entre lo micro y lo macro, con el nivel meso actuando como puente crucial entre ambos. Una mentalidad centrista nos ayuda en este sentido."

La tarde avanzaba, y Marta tomaba notas con entusiasmo. "Es como si cada nivel fuera una nota diferente en la misma melodía", reflexionó.

"Una hermosa metáfora", concluyó el profesor. "Y como en toda buena música, el arte está en conseguir que todas las notas suenen en armonía, creando algo más grande que la suma de sus partes."

El jardín de la felicidad

La última clase del semestre llegó con una sorpresa. En lugar de encontrar a Marta en su despacho, el profesor Merton le había pedido que se reuniera con él en el jardín botánico de la universidad. Era un día extraordinariamente luminoso para ser invierno, y el sol de media tarde bañaba el invernadero victoriano con una luz dorada.

Marta encontró al profesor sentado en un banco de piedra, rodeado de una exuberante vegetación tropical que contrastaba con el frío exterior. A su lado había tres pequeñas plantas en macetas.

"¿Sabes por qué te he citado aquí, Marta?", preguntó el profesor cuando ella se sentó a su lado.

"¿Tiene algo que ver con nuestras conversaciones sobre el bienestar social?", aventuró Marta.

"En parte", sonrió el profesor. "Pero también porque después de estas semanas hablando de política, instituciones y sociedad, quería terminar en un lugar que nos recordara algo fundamental: que todo lo que hacemos, todas las estructuras que construimos, todos los principios que defendemos, tienen un objetivo último: el florecimiento humano."

Tomó una de las plantas. "Los investigadores de las Zonas Azules de la Felicidad y la OCDE han identificado tres dimensiones del bienestar personal: el sentido vital, la satisfacción con la vida y el balance emocional. Como estas tres plantas, cada una necesita diferentes condiciones para prosperar."

"¿Y cómo se relaciona esto con todo lo que hemos estudiado sobre el centrismo?", preguntó Marta.

"Piensa en tres sociedades que han destacado en cada dimensión", explicó el profesor. "Dinamarca, con su estado de bienestar y alta confianza social, sobresale en sentido vital. Costa Rica, con sus fuertes lazos comunitarios y conexión con la naturaleza, destaca en emocionalidad positiva. Y Singapur, con su sentido de propósito colectivo y excelencia, sobresale en satisfacción vital."

"Como los tres pilares institucionales que discutimos", observó Marta.

"¡Exactamente! El mercado eficiente, el estado
competente y la sociedad civil vibrante. Cada uno con‑
tribuye de manera única al bienestar. Pero lo fascinante
es cómo se entrelazan con las necesidades psicológicas
básicas que discutimos: competencia, autonomía y co‑
nexión."

El profesor señaló hacia el techo de cristal del
invernadero. "El *World Happiness Report* nos muestra
que la felicidad social depende de múltiples factores:
prosperidad material, sí, pero también salud, buena
gobernanza, generosidad, y sobre todo, confianza so‑
cial. Es como este invernadero: necesitamos la estruc‑
tura correcta para que la vida florezca."

"Y el centrismo busca ese equilibrio", añadió
Marta.

"Precisamente. Recordemos nuestro viaje: em‑
pezamos con los cinco objetivos fundamentales de toda
sociedad, luego exploramos los dos tipos de conflictos
morales - 'Yo versus Nosotros' y 'Nosotros versus Ellos'.
Después profundizamos en los principios del cen‑
trismo, desde el pragmatismo basado en evidencia
hasta la sostenibilidad ambiental."

Marta observó cómo un rayo de sol creaba un
arcoíris al atravesar el cristal. "¿Sabe, profesor? Al
principio pensé que el centrismo era solo un punto me‑
dio, una posición tibia. Ahora veo que es mucho más:

es una filosofía completa sobre cómo construir sociedades donde las personas puedan florecer."

"Y donde diferentes tipos de flores puedan crecer juntas", añadió el profesor, señalando la diversidad de plantas a su alrededor. "El centrismo no busca la uniformidad, sino la armonía en la diversidad. Como este jardín: cada planta tiene sus necesidades únicas, pero todas comparten el mismo espacio y recursos básicos."

Se levantó y entregó las tres pequeñas plantas a Marta. "Estas son para ti. Una *Hygge* danesa, una Pura Vida costarricense y una orquídea de Singapur. Cuídalas y recuerda: así como cada planta necesita su propio balance de agua, luz y nutrientes, cada sociedad debe encontrar su propio equilibrio entre sus diferentes dimensiones y necesidades."

Marta sostuvo las plantas con cuidado. "¿Cree que lograremos sociedades menos polarizadas, más centradas en el bienestar real de las personas?"

El profesor miró hacia el horizonte, donde el sol comenzaba a ponerse. "La política es como la jardinería, Marta. Requiere paciencia, atención constante y la sabiduría para saber qué necesita cada planta. Pero, sobre todo, requiere esperanza. La esperanza de que, con el cuidado adecuado, las cosas pueden crecer y florecer."

Se dirigieron hacia la salida del invernadero. "Y recuerda", añadió el profesor con una última sonrisa, "el centrismo es como este jardín botánico: un espacio donde diferentes formas de vida pueden prosperar juntas, donde el conocimiento se combina con el cuidado, y donde la diversidad no es una amenaza sino una fuente de belleza y resiliencia."

Marta miró sus plantas una última vez antes de salir al aire fresco del atardecer. En el cristal del invernadero, el sol poniente creaba un caleidoscopio de colores, como una promesa de que otro mundo es posible: un mundo de diálogo, comprensión y florecimiento compartido.

"Gracias, profesor", dijo Marta suavemente. "Por enseñarme a ver la política no como un campo de batalla, sino como un jardín que podemos cultivar juntos."

"Gracias a ti, Marta", respondió el profesor, "por recordarme que cada nueva generación trae consigo la esperanza de un jardín más hermoso."

Y así, mientras el sol se ponía sobre el campus, profesor y alumna se despidieron, cada uno llevando consigo las semillas de un futuro más sabio, más compasivo y floreciente.

Fin.

Christian Oltra es doctor en Sociología por la Universitat de Barcelona. En la actualidad, desarrolla su labor como investigador titular en el Centro de Investigaciones Energéticas, Medioambientales y Tecnológicas (CIEMAT), actividad que compagina con la docencia como profesor asociado en la misma universidad. Es autor de diversas publicaciones y obras de divulgación en el ámbito de las ciencias sociales.